サイクリストのための
ストレングスと
コンディショニング

競技と日常生活の質を高める自転車以外のトレーニング

フィル・バート／マーティン・エヴァンス 著

西薗良太 監訳

東京書籍

監訳者はじめに

　元プロロードレーサーの西薗良太と申します。2011〜17年の間で選手をやっていました。引退後は大学院に進学し、現在では研究者として働いている身ですが、現役時代はどうやったら海外の選手たちの圧倒的な力に伍することができるのか？　どうやったら自分の力を最大限引き出すことができるのか？　ということを考え続けてきました。

　その中の原体験として、2012〜13年頃でのストレングス・コンディショニング（S&C）トレーニングの利用があります。プロ2年目頃にパワーがつき、走行距離も急増して身体の不調が増えてきました。今思うと怪我寸前、そして実際に軽度の故障を抱えていた私は、現ハムスタースピンの福田昌弘氏他から示唆を受け、S&Cトレーニングの重要性に気づき、アドバイスを受けながら色々と取り組むようになりました。その際に、日本語の文献で参考にできるものはなく、英語のWebや書籍などから断片的に情報をかき集める必要があったのが思い出されます。

　過去10年間でサイクリストは闇雲に乗ればよいという考え方はずいぶんと後退しました。それはパワーメーターなどを利用したトレーニング方法の考え方が英語圏から広く浸透し、その実施ノウハウがアマチュアレベルにも蓄積されてきたからだと思います。そして今回本書の翻訳を公開することで、そういった考え方の中に、オフバイクS&Cトレーニング──自転車に乗らずに行うS&Cトレーニング──を日本語で付け加えようとし

ています。いうなればこの本は、私が2012年頃に探していた技術へのショートカットです。

『ロードバイク スキルアップトレーニング』福田昌弘・著（日東書院本社 2018）にその可能性は既に示されていますが、2010年頃からこの手法の源流となっていたブリティッシュサイクリングのS&Cコーチのフィル・バートとマーティン・エヴァンス両氏は、奇しくも同じ2018年に、彼らが連盟内で使っていたS&Cトレーニングのフレームワークについて詳細に説明した本書の原書を出版しました。より教科書的で彼らが基づいている考え方に言及がある本書には、邦訳出版の価値があるものと考え、最先端のトピックをオムニバス的にまとめた『世界最高のサイクリストたちのロードバイク・トレーニング』（東京書籍）に続いて監訳を手掛けました。

オリンピック延期にまでなったコロナ禍の中、今後外出が難しくなるシチュエーションというのもまた出てくるのかもしれません。また、悪天候や怪我の際など自転車競技者が自転車に乗れない状況は案外とあります。そんなときにも本書は役に立つでしょう。

日本で自転車競技に取り組む選手や指導者、そして健康のために身体を鍛える全ての皆様に本書がお役に立てれば幸いです。

2020年5月　コロナで静かな東京にて
西薗良太

CONTENTS

INTRODUCTION

はじめに

サイクリスト向けのトレーニング本の多くは、自転車から降りて行うトレーニング、つまり「オフバイクトレーニング」について詳しく解説されていません。自転車に乗らずに行うボディコンディショニングは、レベルを問わずサイクリストのパフォーマンスを向上させるのに間違いなく効果的です。しかしそのための方法は、わずか数ページで語りつくせるものではありません。

問題なのは、万人に共通の画一的なトレーニングメニューでは、ボディコンディショニングの土台となる重要なステップが無視されてしまうことです。フィットネスを向上させるということは、家を建てることに似ています。どれだけ設計が立派でも、しっかりした土台がなければ、家はいつか必ず倒れてしまいます。こうした失敗は進歩の妨げになりますし、体にゆがみを生じさせたり怪我をしたりする原因にもなりかねません。サイクリストに役立つとして勧められることが多いジムトレーニング、例えばデッドリフトやバーベルスクワットを続けていれば、たしかに筋力が増したように見えるかもしれません。ですが、こうしたトレーニングを安全に、かつ効果的に実行するための土台がなければ、それは本当の意味での向上とは言えないのです。

どっしりと安定したピラミッドを築こう

自転車競技に役立つフィットネス、ひいてはあらゆるボディコンディショニングは、ピラミッドにたとえることができます。このピラミッドは、何よりもどっしりとした土台をもっていなければならず、実際にバイクに乗って行うトレーニングは一番上にちょこんと小さく載っている形でなければ安定しません。ピラミッドの最下層（レベル1）に位置するのは、総合的な身体能力です。この幅広い土台には、関節の可動域（ROM）や、その範囲内で手足をコントロールする能力が含まれます。例えばあなたは、仰向けで寝ている状態から脚をまっすぐ伸ばしたままどこまで上げられるでしょうか？ もし75度まで上げられなければ、それはハムストリングスから股関節の可動域を十分に確保できていないということです。脚を上げた後

背中が
丸まっている

▶悪いフォームの見本。これではせっかくトレーニングしても身体の強化にはつながらない。

膝が内に
入っている

▲競技力向上につながる最大出力は、ジムでのワークアウトによって鍛えることができる。

は、ゆっくり下ろしてみましょう。背中を床にぴったりとつけたまま、脚の動きをしっかりコントロールしながら下ろせたでしょうか？　うまくいかなければ、この可動域に関するあなたのコントロール能力は不十分です。これくらい大した問題ではないと考えるかもしれませんが、関節の可動域が制限されるとウエイ

トリフティング能力だけでなく、日常生活のあらゆる動作に深刻な影響が及びます。ピラミッドの次の階層（レベル2）に位置するのは、バイクに乗っているだけでは必ずしも向上しない、しかし自転車競技と深い関係がある身体能力です。ここには、ジムトレーニングによって鍛えることが可能な最大パワーや、タイムトライアルを戦う上で必須の広い関節可動域などが含まれます。そしてピラミッドの頂上（レベル3）に至ってようやくバイクにまたがり、自転車競技に特化したフィットネスを鍛えることができるようになるのです。残念ながら、サイクリストの多くはこのピラミッドの頂点だけに気を取られ（トップレベルの選手でさえもごく最近までそうでした）、その下にある重要な階層を軽視してきました。土台づくりに必要なステップをぞんざいに扱い、ただバイクに乗るだけで満足していたのです。どれだけ速く走れたとしても、そうしたサイクリストのピラミッドは安定しておらず、いつか崩れることは確実です。

　少し難しい表現になりますが、これは調整要素（悪影響を緩和させる要素）と媒介要素（悪影響を伝播させる要素）の観点から考えることができます。調整要

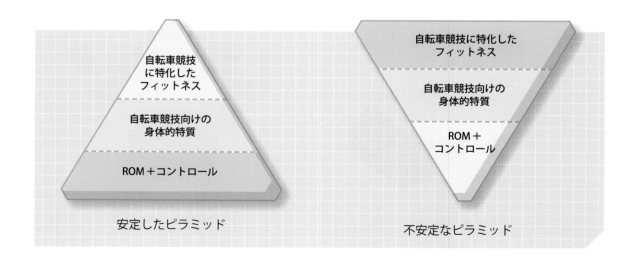

安定したピラミッド

自転車競技に特化したフィットネス

自転車競技向けの身体的特質

ROM＋コントロール

不安定なピラミッド

自転車競技に特化したフィットネス

自転車競技向けの身体的特質

ROM＋コントロール

素にあたるのは、丈夫で安定したピラミッドの土台を形づくる要素、つまり優れた筋力、適切な関節可動域、高レベルの順応性などです。これに対して、怪我、故障、順応性の低下を引き起こすさまざまな問題が媒介要素にあたります。過去の傷病歴や視野の狭いトレーニングも、媒介要素の一部と考えてよいでしょう。

　トレーニングによる刺激やトレーニング期間に対するアスリートの反応は、調整要素と媒介要素の交互作用によって決まります。従来トレーニング結果を予測しようとするアプローチは、きわめて還元主義的なものでしたが、研究の場においても実戦の場においても、そうしたアプローチが役に立った試しはありません。例えば、ハムストリングスの張りは怪我の前触れとみなされた時代もありましたが、実際のところそこには相関は見られず、張りが強くても非常に丈夫なハムストリングスは存在します。還元主義的なアプローチがうまく働かないのは、人間の身体がとても複雑なシステムだからです。膨大なデータと最高のスーパーコンピュータの力を借りても、数日先の天気を正確に予測することはいまだできません。それと同じで、相互に作用し、あらゆる介入の結果に影響を与える調整要素と媒介要素が膨大に存在する複雑な人体を一律に予測するなんて、そもそも無理な話なのです。

　すべての人間には個人差があります。この前提に立って、ここではサイクリストを「マイクロアジャスター」と「マクロアブソーバー」に分類してみます。マイクロアジャスターの特徴は、変化にとても敏感な半面、不適応に陥りやすく、怪我をしやすいことです。このタイプに当てはまるプロ選手を挙げるとすれば、ベン・スウィフトでしょう。彼はバイクセッティングのわずかな変化にも気づきますし、回復力を高めるためのボディコンディショニングにも熱心に取り組んできました。ひるがえってマクロアブソーバーの代表選手と言えるのがゲラント・トーマスです。トーマスの場合は、トレーニングにどんな無茶な変更が加えら

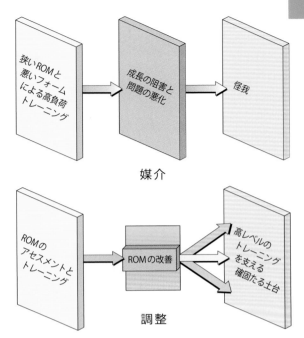

▲調整要素と媒介要素、そしてこれらがトレーニングに与える将来的な影響の例。2017年にギャベットその他が提唱。

れても難なく対応してみせます。たとえグランツールのステージ中に別の選手のバイクを与えられ、そのセッティングが自分のものとは大きく違っていたとしても、彼はほとんど気にせずに乗りこなしてしまうのです。あなたの通っていた学校にも生まれつき器用な子──幸運にもそれはあなた自身だったかもしれませんが──が一人くらいいたのではないでしょうか？　いずれにしても、それがマクロアブソーバーの特徴です。

　トレーニングに対する反応、怪我の傾向、傷病歴などが異なるのですから、あるサイクリストにとって有効な方法が他のサイクリストにも有効とはかぎりません。背中の怪我から復帰を目指していた時期のエド・クランシーを例に挙げれば、そのことがよくわかります。私たちはクランシーを低酸素室に入れ、心肺に負荷をかけた状態でごく軽めにバイクを漕がせま

した。あらゆる研究と過去の経験から、これはうまくいくはずだと確信をもって行っていたのですが、結果的にこのトレーニングは失敗に終わり、クランシーの状態はむしろどんどん悪化していきました。そのため私たちは、これまでの経験則から外れていると感じながらも、彼に対して別のアプローチを探さなければなりませんでした。ツール・ド・フランス前にテイデ山で行われる過酷な高地トレーニングキャンプも同様で、効果の有無は人それぞれです。ブラッドリー・ウィギンスやクリス・フルームは、このキャンプを通じてツール本番で優勝できるだけの競争力を培いましたが、負荷に耐えられないで挫折してしまう選手も多くいました。要するに、大は小を兼ねないのです。トレーニングの成果は、知識や経験からある程度予測できます。しかしそれでも私たちは、柔軟であらゆる要素を考慮に入れたアプローチを探し続ける必要があるのです。

とはいえ、調整要素と媒介要素の相互作用を正確に把握するのが難しいとすれば、私たちには何ができるのでしょうか？　「できるかぎり調整要素が優勢になるような身体をつくること」がその答えになります。つまり、厳しく、賢くトレーニングを積み、しっかりしたボディコンディショニングの基盤を築けばよいのです。たとえあなたがマクロアブソーバーとしての資質に恵まれていなかったとしても、オフバイクトレーニングをおろそかにせず、安定したピラミッドを築くよう努力すれば、成功の可能性を高めることは十分に可能です。

想定とする読者

遺伝、傷病歴、アクティビティレベル、さらには職業まで、幅広い要素をすべて考慮した場合、十分な関節可動域をもち、その範囲で適切なコントロールができ、高負荷の筋力トレーニングをすぐ始められる人はほとんどいないでしょう。私たちは皆さんの能力をけ

なすわけではありません。オリンピックの金メダリストも、ツール・ド・フランスの総合優勝者も、抱えている問題は皆さんとまったく同じです。こうした問題に対処し、完成された一流のアスリートに近づくには、データ、知識、そして医療やボディコンディショニングの専門家のアドバイスを得ることが王道でしょう。しかし安心してください。本書を熟読すれば、同等のアドバイスを得ることができます。効果的でわかりやすいプロセスに従ってがっしりとした土台を築き、適切なタイミングで厳しいトレーニングへ移行することができれば、必ずやあなたは強さ、タフさ、怪我への強さを兼ね備えたサイクリストへと成長を遂げられるに違いありません。

本書のプロセスの中心となるのはアセスメント（自己評価）です。この評価方法は、グレート・ブリテン・サイクリング・チームが使用するテストにもとづいて考案されたものです。このテストは、あなたの長所と短所をすばやく判定し、必要なトレーニングを正確に示してくれます。それにより、現在の能力と限界に見合った、自分に最適なトレーニングメニューが組まれるというわけです。評価にもとづいたトレーニングを行い、その後で再テストを実施すれば、きっと自分自身の成長を感じられるだけでなく、安全かつ効果的に体を変化させてきたという自信も得られることでしょう。

このプロセスは、幅広い層のサイクリストに適しています。まったくの初心者でも、怪我から復帰しようとするサイクリストでも、競争力の向上を求める意欲的なベテランでも、誰でも取り入れることができるのです。高価な設備も、ジムへの入会も必要ありません。大半のサイクリストは、自宅にいながら大きな進化を遂げ、目覚ましい効果を実感できるでしょう。もちろ

▶自分に合ったボディコンディショニング計画を立てることで、あらゆるレベルのライダーが強くなれる。

ん、自転車競技向けの筋力は一朝一夕で身につくものではありません。しかし正しい手順さえ守れば、ボディコンディショニングの土台が築かれ、この頼れる土台はバイクに乗っているときも乗っていないときも、あなたを支え続けてくれます。これはあなたのサイクリスト人生において何度でも繰り返し使えるツールであり、自転車を降りた後も役立ててもらえるツールです。目標の大会前やレースシーズン中にボディコンディショニングを再開する場合は、やり直したいポイントまで戻り、自分の身体の状態を再びテストしましょう。自分がピラミッドのどのレベルにいるかを把握できたら、そのレベルから再びトレーニングを始めればよいのです。バイクでのトレーニングに集中していた時期の後には、ピラミッドのバランスが崩れてきたと感じられるかもしれません。それでも本書の指導に従えば、どっしりしたピラミッドを再び築けるはずです。

これほど一人ひとりに合わせた集中的なアプローチは、プロのアスリート向けなのでは、と思う読者もいらっしゃるかもしれません。しかしそれはまったくの誤解です。定期的なボディコンディショニングを必要とし、その恩恵を得られるのは、ほぼ間違いなく、プロよりもアマチュアのサイクリストだからです。動作やボディコンディショニングといった観点から言えば、自転車競技に必要な関節可動域は非常に限られたものです。そのためにサイクリストは、ボディコンディショニングのピラミッドでいうところの最下層、つまり運動全般に必要な

どっしりとした土台を築くことを苦手としています。しかしこの土台がなければ、自転車競技を含めたより上の階層に制限が生まれ、最大限の力を発揮できなくなってしまいます。繰り返しになりますが、ピラミッドを崩さず、安定した状態に保つには、バイクトレーニングだけを重視しないことが大切なのです。

ここではっきり言っておきましょう。ボディコンディショニングがサイクリストを速くすることは、研究においても強いエビデンスがあります（ムジカおよびその他、2016年）。ボディコンディショニングは筋肉の能力を向上させ、ひいてはペダルを漕ぐ力を強化するからです。その効果が最も現れやすいのはロードでのスプリントやヒルクライムですが、どんな運動強度でのサイクリングにも有効であることは言うまでも

▶ジムではエアロバイクを漕ぐよりオフバイクトレーニングを重視したほうが競技成績と健康の両方にとって有益だろう。

ないでしょう。筋肉の最大能力、すなわちペダリングのフォース（力）が向上すると、限界より少し下の領域で楽に走れるようになります。つまり効率が良くなり、より長く、より激しく走ることが可能になるわけです。高速道路を100km/hで走っている車を想像すればわかりやすいでしょう。同じ100km/hでも、最高速度が250km/hの車と150km/hの車とでは、前者のほうがエンジンに余裕があります。バイクを使わないボディコンディショニングは、40分間のタイムトライアルの成績向上にも大きく影響します（ロンネスタッドおよびその他、2015年）。また、一流サイクリストの30秒間の出力を高め（ロンネスタッドおよびその他、2011年）、185分間の走行後に行われた5分間のスプリントでも、サイクリストのパフォーマンスを向上させることが証明されています（ロンネスタッドおよびその他、2010年）。

　ボディコンディショニングの効果はそれだけにとどまりません。サイクリストにとって最も重要なのは、タフさや怪我への強さに関わる効果でしょう。プロ選手なら、バイクを漕いでいるかソファに寝転がっているか二つに一つという生活をしていられるかもしれませんが、そうでないあなたは子どもを持ち上げて車から降ろし、買い物袋を抱え、日曜大工に励み、庭仕事もしなければなりません。しかし、総合的な身体的特質や動作能力が向上すれば、日常生活で体をひねったり折り曲げたりするのが今までより楽になります。怪我をしないようになるということは、バイクに乗る時間を増やせるということでもあります。

　自分の動作について、自由度という観点からも考えてみるといいでしょう。多くの場合、サイクリストの動作の自由度は強く制限されています。腰から股関節の筋肉が張っているなどの理由で動きが制限されると、それは間違いなくバイクに乗ることにも直接的な影響を及ぼします。ひとたびバイクに乗れば何千回とペダリングを繰り返すことになるのですから、一定の

限られた範囲でしかペダリングできないようだと、疲弊しやすくなりますし、オーバーユース障害（運動での関節の酷使による関節部の外傷性炎症）や体のバランスも悪くなります。ところが、可動域が広がって動作の自由度が高まれば、一点だけを酷使しなくても済むようになるので、バイクに乗っているときもいないときも、怪我をしづらくなるのです。

　最後にもう一つだけ言い添えておきましょう。バイクを使わないボディコンディショニングは、健康そのものを増進させます。加齢にともなう筋肉量の減少をゆるやかにし（それどころか筋肉量を増やすことさえできます！）、健康状態を改善させ、体重のコントロールにも効果があるからです。骨の健康、特にグランツールを戦う選手たちにとっても悩みの種となっている骨密度の問題にも、ボディコンディショニングは有効です。

伝統を打ち破れ

　プロスポーツとしての自転車競技は、伝統と深く結びついています。選手たちはごく最近まで、1950年代の選手たちとほぼ同じような方法でトレーニングを積み、食事をとっていました。会話できるペースをキープしながら数千キロを走り、冬には基礎トレーニングという名目で軽いギアをクルクル回す。そしてレース当日は朝4時にベッドから出て、朝食にステーキをたらふく食べる……それが昔からの変わらないやり方だったのです。こうした手法に疑問をもつ人はおらず、引退した選手がスポーツディレクターやコーチに就任すると、同じ手法が次の世代にも受け継がれました。オフシーズンのちょっとした息抜き程度の認識だったボディコンディショニングなんて、トレーニングキャンプ中のクロスカントリースキーやトレーナーすらろくにいない雑なジムセッション（しかもほんの数回だけ）の形で行われるだけです。バイクに乗るのがサイクリストなのだから、時間をかけて行うべき唯

痛み

身体は新たな活動に適応する過程で痛みを感じることがあります。そのため、ライド中や高重量を扱った後に腰痛が生じても不思議ではありません。その時点では心配になるかもしれませんが、軽い痛みであればそれは必ずしも悪とはかぎりません。

痛みは、種類によっては有用です。素手で熱いものを触ったときにひどい火傷を負わずに済むのは、熱さを痛みとして感じ、すぐに手を引っこめるからです。こうした痛みは、負傷が悪化する前に警告を与えてくれるという意味で役に立ちます。同様のことは、犬が足の怪我から回復する過程を見てもわかります。痛みは、悪い足がどれだけの負荷に耐えられるかを知る目安になるので、犬は痛みの感じ方に応じてその足にかける体重を増やしていきます。この結果、回復に合わせて本来の筋力や機能を取り戻せるわけです。痛みが有用性を失い、問題に発展するのは、それが慢性的なものである場合だけです。

腰痛に話を戻しましょう。欧米で一般的な腰痛への対処法は、十分な休息をとることと悪化につながる動作を避けることだとされています。これは初期の対処法としては間違いではないのですが、痛みが数日を超え、数週間も続く場合は有効とは言えません。特に問題なのは、患部をなるべく動かさないようにという指示です。たしかに動かさなければ痛みは和らぐかもしれませんが、同時に腰の筋肉も弱り、以前にもまして腰痛になりやすくなってしまうからです。こうなると、最初の症状がすっかり治まった後に痛みが再発したり、悪化したりすることも少なくありません。慢性的な痛みは一時的な痛みと違い、何か有用なメッセージを伝えているわけではありません。休息が一番の薬に見えるかもしれませんが、多くの場合は炎症初期段階後に注意深く動かしたり負荷をかけたりしたほうが、完全回復への近道になるのです。

腰痛をはじめとする慢性的な痛みに悩まされている人は、悪循環に陥りやすいので注意が必要です。痛みや症状の悪化を恐れ、最善の方法 —— 運動をしたり患部を動かしたりすること —— に対して臆病になってしまうからです。しかし放っておけば痛みはひどくなり、この「疼痛行動」と呼ばれる行動パターンから抜け出そうと思っても抜け出せなくなってしまいます。一方、クリス・ホイがとった行動は、これとは対極的です。ホイがオリンピックで6つの金メダルを獲得できた理由の一端も、彼の姿勢にあるのかもしれません。ホイはトレーニングによる痛みがまだ残っていても、ジムでウエイトリフティングをするなんて無理だとは言わず、どの程度のウエイトなら持ち上げてもよいだろうかと相談したのです。

私たちは決して「痛みなくして得るものなし」と言いたいわけではありません。不安になるほど激しい痛みがある場合や、慢性的な痛みがずっと続いている場合には、医師の診察を受けることが大切です。しかし、痛いからといって消極的になるべきではありません。大切なのは、現状で何ができるか考える姿勢です。

サイクリストが経験しやすいもう一つの痛みに遅発性筋肉痛（DOMS）があります。ボディコンディショニングに慣れていない時期や、オフシーズンのウエイトトレーニングを始めたばかりの時期に特に出やすい痛みです。新たなトレーニングによって負荷がかかると、筋肉はそれに適応し、自らを修復しようとします。この適応と修復の過程で炎症が起こるため、トレーニングから12〜24時間後に痛みやひりつきが生じるのです。この状態は24〜48時間続きます。階段を上るのが少し大変かもしれませんが、痛み自体は身体の強化につながる適応の一部なので、冷やすなどして和らげようとする必要はありません。トレーニングとは、身体に負荷をかけて刺激を与え、それによって身体を強化するために行うものです。DOMSは身体が刺激に適応している証拠なので、この反応を抑えようとすることはトレーニングの目的と矛盾します。患部を冷やすことが有益なのは、ラグビー

などの接触型スポーツで打撲を負い、DOMSに似た筋肉の凝りや痛みが出た場合です。サイクリストが深刻なDOMSに悩まされている場合、最も良い対処法は、ごく軽い負荷でバイクを漕ぐことでしょう。

　痛みが怪我によるものなのか、トレーニングに適応するための自然な反応なのか、判断が難しいこともあります。そのような場合は、その痛みが身体の片側で起きているのか、両側で起きているのかを確認するとよいでしょう。これは大雑把ですが信頼のおける診断方法です。バイクでの

激しいスプリントやウエイトリフティングを行った翌日に両足のハムストリングスが痛む場合、それはおそらくただのDOMSです。しかし片方の一部だけが痛む場合は、練習を制限するか、医師の診察を受けるなどの対処をするべきでしょう。

▼自転車競技に痛みはつきものだが、それは適切な痛みでなければならない。

一絶対のトレーニングはバイクに乗ることだ、というのが彼らの主張でした。それでもスポーツ科学の分野がきちんと確立され、自転車競技の従来の指導法が疑われ始めると、物事は次第に変化していきました。とりわけグレート・ブリテン・サイクリング・チームやチームスカイをはじめとする先進的なチームは、古臭い指南書を捨てて外の世界に目を向け、自転車競技に革命を起こしました。彼らは選手のパフォーマンスを引き上げるため、ありとあらゆる手段を検討し、実行しました。5〜6時間続くグランツールのステージ終了後、終盤の山頂決戦や集団スプリントで疲弊した選手たちは、表彰式や取材対応がない限り、コーラを飲んでホテルに直帰するのが"ならわし"でした。激しい運動をした直後なのに、ライド後のリカバリーについては考慮されていないに等しかったのです。そのため、チームスカイの選手たちがステージ終了後に固定ローラーでクールダウンをするようになった当初は、周囲から奇異の目で見られたものです。しかし現在では、すべてのチームがこのやり方を採り入れ、ほとん

ど常識となっています。チームスカイの画期的な戦略はそれだけではありません。選手の寝具をホテルからホテルへ運び、山盛りのパスタではなくタンパク質に富んだ食事や野菜ジュース、魚油を積極的に摂取させたのです。こうした習慣も、レース後のクールダウン同様に初めは鼻で笑われていました。しかし、チームスカイからツール優勝者やオリンピックメダリストが次々に輩出されたことで、自転車競技界は彼らの取り組みに注目するようになりました。バイクを使わないボディコンディショニングも、チームスカイの戦略と同じ行程をたどっていると言えるでしょう。自転車競技への効果が長年にわたって研究されてきた結果、ボディコンディショニングは最近になってようやく、あらゆるサイクリストに不可欠なトレーニングと見なされるようになったのです。

トラックで得られる教訓

　グレート・ブリテン・サイクリング・チームを成功に導いた重要な要因の一つとして、トラックで行われ

◀チームパシュートのためのジムトレーニングが
ロードの選手の成績向上につながった。

ンター、持久系の選手、コーチはトラックで密接に連携するうちに、それぞれ別の立場から意見交換を行うようになりました。私たちのもとには、ポール・マニング、ダン・ハント、マット・パーカーといったグレート・ブリテン・サイクリング・チームの進歩的な持久系コーチ陣が相談にやってきました。ジムでのトレーニングがチームパシュートに挑戦するロードの選手たちにも有効か、彼らは知りたかったのです。当時は怪我につながるという思い込みがまだ強かったので、初めはごく軽めに、いわば手加減した状態でジムトレーニングが導入されました。ですがやがて（ロンドン・オリンピック以降は特に）、持久系の選手にもジムトレーニングは欠かせないものとなっていきました。大半の選手はロードとの兼任だったので、必然的にジムトレーニングの利点はロードの選手にも知られるようになり、ボディコンディショニングの活用という発想は次第にプロトン内に広まっていきました。別種目の知識を活かして好成績を残した選手といえば、2014年の世界選手権でタイムトライアルに挑戦したブラッドリー・ウィギンスがいます。同大会で47.10kmのポンフェラーダのコースを走るにあたり、ウィギンスは自分の身体をステージレース出場時よりも強く大きくするという目標を立て、12週間のトレーニングを積みました。結果的にこの作戦は成功し、ウィギンスは、タイムトライアルのレジェンドであるトニー・マルティンに26秒という大差をつけて優勝したのです。

るタイムレースに力を注いだことが挙げられます。普通のロードレースや公道でのタイムトライアルと違い、トラック競技は予測できない要素や戦術的な要素と無縁なので、正確な評価にもとづいた計画を立てることが可能です。そこで、すべてのデータは勝利に必要な数字に落とし込まれ、その数字を目指してトレーニング、栄養、機材などがパフォーマンス向上のために組み合わされました。私たちの指導が特に効果を発揮したのはチームパシュートです。過去3大会のオリンピックを経て、この種目は大きく変化を遂げています。タイムはますます向上し、求められるのはスプリント力なのか持久力なのか、その境目はもはや曖昧です。競技時間は約4分。生理学的には間違いなく持久力も必要ですが、選手はスタート直後から高い出力で大きなギアを回さなければならず、先頭に立てばほぼ全力で15〜30秒間走ることを求められます。そのため、トラック競技のスプリンターはトレーニングの大半をジムで行い、「たまに自転車に乗る重量挙げの選手」とからかわれることも少なくありません。スプリ

バイクトレーニングを犠牲にしても
ボディコンディショニングを行うべきか？

　アマチュアサイクリストの多くは、仕事や家事に日々追われています。それだけに、貴重なバイクトレーニングの時間を削り、1週間あたり数時間をボディ

「コア」とは何か

ボディコンディショニングをテーマにする本書が、これまで「コア」という言葉をいっさい使わず、安定したコアの重要性にも触れていないことを、皆さんは意外に感じているかもしれません。残念ながら「コア」や「コアの安定化」といった言葉は、一般に大きく誤解されています。そればかりか、誤用の結果、多くのサイクリストやアスリート、純粋に健康を目的としている人々が、誤ったトレーニングを続け、貴重な時間を無駄にしているのが現状です。言葉の誤用がなぜ大問題かというと、独立した四肢をもつ人間にとって、四肢をつないでいる身体の中心（胴体）のコントロールは、非常に重要だからです。こうした大局的な視点は、今のフィットネス業界やヘルスメディアにも欠けているものです。個々の筋肉には注目が集まりますが、胴体そのものや胴体とそれ以外の部分とのきわめて複雑な関係は見落とされてしまっているのです。

こうした還元主義的で誤った考え方は、極端な方向に走りがちです。例えば、コアを話題にする人たちの間でよく取り上げられるのが、脊柱の安定にとりわけ重要だとされる筋肉、特に腹横筋（TrA）です。

1990年代、オーストラリアの研究者によって、TrAの強化が腰痛改善の鍵であるという見方が示されました。多くの現代人が腰痛に悩まされていることもあって、理学療法界はこの"魔法のような"治療法に飛びつき、フィットネス業界がそれに便乗しました。これが「コア」ブームの始まりです。背中の怪我に苦しむ人も、フィットネス愛好家も、競技力向上と怪我の予防を望むアスリートも、こぞってTrAのトレーニングに夢中になり、この筋肉だけを分離して小さく、正確に動かそうとしました。しかしそんなトレーニングは過去のものとなり、今では多様な筋肉が集まって胴体を機能させていること、胴体が安定する仕組みは実行する作業に応じて変化することが広く知られています。例えば、デッドリフ

トを行うときとバイクを走らせているときでは、胴体はまったく違った働きをします。したがって、胴体をどう鍛えるかという問題は、競技力向上の問題と同様に、その人が「何を目的とするか」で答えが変わってくるのです。

手術や怪我の後で胴体のリハビリを行うとき、胴体のトレーニングのやり方としてたまに勧められるのが、特定の筋群を分離して収縮させたままにする運動です。アブドミナルホローイングなどがその一例ですが、これはリハビリの方法としては適切とは言えません。これらは「ブレーシング」に分類される運動で、コアトレーニングの愛好家からは非常に人気があります。しかし、胴体の筋肉は反射的に働くことがほとんどで、収縮して準備ができた状態で働くことはまずないため、おそらくは役に立たないでしょう。前述した腰痛の研究結果に戻ると、TrAは刺激からわずか20

▼ "コアの安定"は、健康業界やフィットネス業界が打ち出そうとするイメージとは異なり、決して健康のための万能薬ではない。

ミリ秒遅れで反応することがわかっており、当然ながらこの短時間で筋肉を意識的に制御することは不可能です。したがって、これらの筋肉に力を入れて収縮させたままにするトレーニングは、問題の根本原因、すなわち収縮反応のタイミングの解決策にはなりません。効果が期待できないばかりか、場合によっては害を及ぼすことさえあるでしょう。

ライド中やライド後に現れる腰の痛みや不快感、張りなどの症状も、"コアの弱さ"が原因だと言われることが多くあります。そうした問題を修正しようと、何時間もエクササイズに費やすサイクリストも大勢いますが、結局は横になって身体の一部だけを動かしているだけという場合がほとんどです。サイクリストの腰痛は、実際のところは体幹の強さとあまり関係がありません。むしろバイクフィッティングの問題や単純なボディコンディショニングの不足、あるいは何らかの複合的な要素によって生じるのが普通です。

初めてマラソン大会に参加した人は、レース中やレース後に何らかの不快感を感じるでしょう。同様に、一定の強度で1〜2時間走ることに慣れたサイクリストが走行時間を3時間に増やしたり、ペースを速めたりした場合も、不快感を感じるはずです。バイク特有の前傾姿勢では、体幹と腰の筋肉に大きな負担がかかるため、張りや痛みが生じやすくなります。可動性トレーニングや筋力トレーニングもその改善に役立たないわけではありませんが、間違いなく有効なのは、計画的なバイクトレーニングを続けながら時間の経過を待つことです。反対におそらく無益なのは、"コア強化"のためのエクササイズに時間を費やすことです。もちろんサイクリストの中には、コアトレーニングで腰痛が治ったと信じている人もおり、そうした人は私たちの意見にすぐさま反論してくるでしょう。ですが彼らの腰痛が"治った"のは、おそらく実際には、痛みにつながる激しい運動を中止したことと、単なる時間経過のおかげです。

腰痛を含めたあらゆる痛みは、適応の兆候とも考えられます。普段1〜2時間しか走らないサイクリストでも、定期的に3時間走ることで腰の筋組織などが適応し、やがては3時間のライドがまったく苦にならなくなります。ただしそれには、バイクとサイクリストのどちらにもシステム的な問題がなく、正しく機能していることが条件になります。ここにはバイクフィッティングやサイクリスト本人の体調も含まれています。第1章の評価テストを実行してみて、股関節屈筋が硬くて動かしづらいためにどうしても足をまっすぐ上げられないという結果が出たとしたら、それはシステム的な問題があるということです。こうした問題は適応を阻害します。だからこそ、ひたすらバイクに乗るだけのトレーニングや怪しいコアエクササイズに励んでも意味はなく、サイクリスト一人ひとりに応じた総合的なボディコンディショニングが必要なのです。

コアの筋肉と腰痛に関する過度に還元主義的なアプローチが成功しないのは、複雑で多元的な問題から1つの因子だけを取り出そうとするからです。先に調整要素と媒介要素の概念を用いて説明したように、こうしたアプローチは人体のような複雑なシステムにはまったく役に立ちません。

私たちが好むと好まざるとにかかわらず、"コア"という言葉は世間に浸透し、さまざまな意味合いで用いられています。この流れが変わることはまずなさそうですが、より正確で適切な言葉を使い、人間の動作における胴体の重要性を説明することは、私たちに課せられた義務でしょう。

胴体の安定と筋力、可動性は、四肢や胴体そのものを動かす上で等しく重要であり、痛みや怪我の予防にも大きく影響すると認識していただければ何よりです。人体について考えるときは、話を単純化しすぎたり、システムや問題の複雑さを軽くみせかけようとしたりしてはいけませんし、1つの限定的な答えをすべてに適用しようとする態度も改めなければなりません。

コンディショニングに割くことには不安もあるでしょう。初めからボディコンディショニングに興味があって本書を購入してくださった方もいるでしょうが、皆さんの不安をここでなるべく和らげておきたいと思います。まず一点目として、ボディコンディショニングの効果をもう一度強調しておきましょう。ボディコンディショニングは自転車競技のパフォーマンスを向上させ、長い目で見れば、怪我をしてバイクから離れる時間を短くしてくれます。二点目として、ボディコンディショニングには優先順位をつけた計画が大切であることも付け加えておきます。毎週ジムで3時間のトレーニングに励む必要はないのです。例えば、大きな大会の直前やレースシーズン中にはオフバイクトレーニングを最小限にとどめ、機能の維持だけに集中すべき段階もあります。ですがそのような段階、つまり持久力や競争力を高める時期の前にオフバイクトレーニングを積んでおけば、その後の実戦的な厳しい練習にも耐えられるはずです。したがって多く

のサイクリストにとって、集中的なジムトレーニングに適しているのは冬、または悪天候の日ということになります。一方、シクロクロスやトラックレースを優先する選手にとっては、春や秋が"オフシーズン"にあたるかもしれません。いずれにせよ大切なのは、自分の一番の目標に応じて優先順位をつけ、その上でジムトレーニングに集中すべき最も効果的なタイミングを割り出すことです。言うまでもなくボディコンディショニングはすべてのサイクリストに有益ですが、あなた自身とあなたの目標に合ったタイミングで実行されなければ意味がありません。このことは、私たちが指導しているグレート・ブリテン・サイクリング・チームの選手にとっても同様です。彼らは過酷なレースで疲れ切った後だけでなく、ジムトレーニングに励んだ後もパフォーマンスが一時的に低下するのは仕方のないことだと納得しています。多少の犠牲を払ったとしても、目標とする大会に向けた準備の中で、このトレーニングが成功の土台になることを確信

ハイレップス法の効用

サイクリスト向けのウエイトトレーニングに関して、世間一般で（そして有資格者のコーチの間でも）よく推奨されている方法の1つに、軽いウエイトを何回も持ち上げるというもの（ハイレップス法）があります。これにより、ペダリングと同様に高回数実施する運動に近づけることができるという考え方です。

しかし、この考え方には2つの誤解があります。1つは、ジムトレーニングの目的に関する誤解です。サイクリストがジムで目指すべきは、自転車競技の動きを模倣することではありません。筋肉の性質を変化させて鍛え上げ、それを自転車競技に活かすことです。仮にごく軽いウエイトを50回5セット持ち上げたとして

も、その合計はわずか250回にすぎません。これはケイデンスに置き換えると3分以下で達成される回数であり、数字の上では多く見えたとしても、実戦で要求される高い回転数にはとても追いつかないことがわかります。もう1つの誤解は、負荷のかけ方に関するものです。ペダルに伝える力を向上させたいなら、筋肉にしっかりと負荷をかける必要があります。20回以上も繰り返し持ち上げられるウエイトは、筋肉を刺激して出力を高めるには不十分です。以上のことから、低負荷高回数のトレーニングは、無益で時間の無駄だと言わざるをえません。それどころか、フォームの崩れや性急な動作につながるなど、悪い部分をさらに悪化させる可能性すらあるでしょう。

しているのです。こうした考え方をぜひ見習ってください。ボディコンディショニング期間中には、小規模な大会でも思うような成績を残せないかもしれませんが、動揺する必要はありません。春になって最初の大会に出場したときには、トレーニングが実を結んだことをきっと実感できるはずです。あらゆるトレーニングは、最大の目標から逆算し、その目標に向かって段階的に計画されるのが理想です。常に向上だけを期待して毎週同じことを繰り返しているようなら、あなたのパフォーマンスはすぐ頭打ちになり、成長はそこで止まってしまいます。何百万年という歴史を通して、人間の身体は驚くほど効率的に進化してきました。何らかの特別な状況に置かれない限り、人体は自らを大きく変えようとはしません。だからこそ私たち

は、トレーニングという特別な状況をつくり出すことで身体を絶えず"驚かせ"、変化させていく必要があるのです。マンネリな状態では、やがてトレーニングも手詰まりになります。ボディコンディショニングを重視している時期は、決して絶好調とは言えない成績が続くかもしれません。ですが、それまで取り組んできた筋力トレーニングをタイミングよく終え、再びバイクトレーニングに戻ったとき、あなたは従来の限界を突き破り、パフォーマンスの新次元に突入するはずです。

　最初のアセスメントを行った時点ですぐに気づく

と思いますが、本書では何段階ものボディコンディショニングをクリアした上で、サイクリングでのパフォーマンスに影響を与えうる高負荷のトレーニングに移行するという流れをとっています。私たちが紹介するエクササイズは、トレーニングメニューに習慣として組み込んでもらえるものばかりです。タイミングとしては、リフティングを行う前、ジムで高負荷トレーニングに挑戦するとき、さらにはバイクトレーニングを含む一般的なトレーニングの前後がよいでしょう。例えば、後大腿部を開くストレッチ（2章参照）は、バイクに乗る前だけでなく、厳しいバイクトレーニングの後や一日中デスクワークや車の運転をした後にも適しています。

　ボディコンディショニングの計画の立て方については、後ほど詳しく説明します。たとえ誰よりも忙しい毎日を送っていても、本書の指示どおりにエクササイズを続ければ、確実に大きな成果が現れるはずです。

　ボディコンディショニングの適切な頻度や量は、トレーニングの進行段階やレベル、身体機能、目標などによって異なります。計画の初期段階、つまり可動性に主眼を置く段階では、毎日の簡単なトレーニングで弱点を強化することが最も効率的です。しかし同様の効果は、20〜30分の激しいトレーニングを数回集中的に行うというスケジュールでも期待できます。こうしたトレーニングが、ライドにマイナスの影響を与えることはいっさいありません（むしろプラスの影響があるでしょう）。回復を待つ時間もまったく不要です。

　多くの研究が示唆しているように、高負荷のエクササイズに挑戦する場合は、生理学的適応期間として最低8〜12週間のトレーニングブロックを設けるべきです。そしてこの期間には毎週2〜3回、バイクを使わない高強度のボディコンディショニングを行うのが理想的です。セッションの間には、48時間の回復期間を設けるようにしてください。もちろんこの期間中にバイクに乗っても構いませんが、バイクトレーニング

がそれ以外のトレーニングに影響を与えないよう注意する必要があります。すべてを一気に詰め込もうとせず、まずはトレーニング計画を立て、ブロックごとの目標に集中することが大切です。

トレーニングの選び方

　多くのサイクリスト向けトレーニングマニュアルで見落とされていますが、サイクリストの個人的特性はトレーニングの成否を決める重要な要素になります。大抵のマニュアル本は、筋力や弱点に個人差があることをほとんど考慮せず、画一的なボディコンディショニングのメニューのみを紹介しています。例えば、自転車競技向けのメジャーな筋力トレーニングメニューのひとつに、バーベルバックスクワットがあります。これ自体は素晴らしいエクササイズなのですが、サイクリストの大多数は胴体の強さや全般的な柔軟性に欠けているため、安全かつ効果的にバーベルバックスクワットを行うことは困難です。グレート・ブリテン・サイクリング・チーム・アカデミーに入る選手を見ても、人によって合わないトレーニングがあることや、ウエイトリフティングに挑戦させる前に修正すべき動作や姿勢の問題があることは明らかです。たとえ一流のレベルでも、誰一人として同じライダーはいません。先ほど述べたとおり、マイクロアジャスターであるベン・スウィフトとマクロアブソーバーであるゲラント・トーマスでは、選手としてのタイプが異なります。したがって彼らに必要なオフバイクトレーニングも、それぞれ大きく異なっていました。スウィフトの場合は、ボディコンディショニングに時間をかけ、動作や姿勢の問題を矯正する必要がありました。その結果、彼はたくましい身体と成功を手に入れたのです。もし彼がひたすらバイクトレーニングを繰り返しているだけだったら、きっと何も変わらなかったでしょう。

　本書では、まず自己アセスメントをしてもらい、あ

なたの今の時点での筋力や弱点を診断します。

この自己アセスメントの作成にあたっては、グレート・ブリテン・サイクリング・チームの新人選手が受ける適正検査を参考にしました。体力テストだけでなく、選手のライフスタイルや過去のトレーニング法、傷病歴、家族の歴史まで調べる検査です。本書の自己評価テストは、皆さんが求めているものや身体的な制約とリスクを見極め、自分に最も適したトレーニングを紹介してくれます。あなたも自己評価を終えた時点で、どんな運動を何セット何回行うべきかを把握し、具体的なトレーニング計画を立てることができるようになっていることでしょう。

目標をしっかりと見据え、アセスメントは定期的に繰り返しましょう。そうすればピラミッドの土台を整え、トレーニング計画を前進させられるはずです。メニューの内容も、成長に応じて変えていくのがベストです。最初のレベルは人それぞれですが、基本的にはモビライゼーションと可動域のコントロールからスタートして、最終的に運動能力の最大値を押し上げるためのトレーニングや実際のリフティング動作に至ります。それらすべての段階が、あなたの怪我への強さ、強健さ、速さ、サイクリストとしての成功に寄与することでしょう。

必要な道具

アセスメントの結果にもとづき、皆さんはそれぞれ違うレベルからプログラムをスタートさせることになります。初級レベル、つまり可動域のコントロールを根本的に向上させるレベルでは、道具は最小限しか必要ありません。マットやフォームローラー、トリガーポイントボール、レジスタンスバンド、ダンベルまたはケトルベル、ベンチかステップがあれば十分です。多くのサイクリストは、このレベルで身体能力を高めるだけでも、大幅なパフォーマンス向上を見込めるでしょう。

レベルが上がり、負荷のかかる動作が増えるにつれ、必要になる道具は増えていきます。場合によってはジムに入会し、その設備を利用して高負荷のトレーニングを行ってもよいでしょう。とはいえ、大半のサイクリストに認識してもらいたいのは、初級レベルの動作コントロールトレーニングや自重トレーニングだけでも効果は十分にあるということです。こうした動きの精度を高めれば、怪我をする可能性は激減します。

筋肉がつきすぎて登りが苦手になるのでは？

本書のプログラムは、サイクリストの一般的な物理的身体能力とそのコントロール能力を全般的に改善した上で、筋力の最大値に到達するまでの速さを高めることを最大の目標としています。人によっては筋肉量の増大という副次的な効果が見られるかもしれませんが、質量そのものが増えなくとも筋肉は確実に強化されます。実際に行われた研究でも、トップ選手が体重を増やすことなく、大腿筋の断面積だけを増加させたという報告があります（ロンネスタッドおよびその他、2010年）。そもそも、たとえ本人が望んでも、筋肉量を大きく増やすのは決して簡単ではありません。だからこそボディビルダーの身体づくりには長い年月がかかるのですが、彼らはトレーニングの初期段階で、あらゆる有酸素運動と持久運動を極限まで抑えます。つまり、ボディコンディショニングを自転車競技に活かそうと考えている人は、ムキムキの体を目指しても無駄なのです。また機能的動作を十分に身につけていない人も、高負荷のウエイトトレーニングは控えたほうがよいでしょう。

本章のまとめ

サイクリストは一人ひとり違う　サイクリストには個人差があります。パワーと心拍数によるトレーニングゾーン、トレーニングセッション、トレーニング計画全体は、一人ひとりに合わせて調整されるべきものです。それと同じく、バイクを使わないボディコンディショニングもそのサイクリストに合ったものでなければなりません。適切で効果的なボディコンディショニングのメニューを決める唯一の方法は、最初にそのサイクリストの筋力、限界、弱点を見極めることです。

どっしりとした土台を築こう　ボディコンディショニングの計画全体はピラミッドにたとえられます。ですが、その土台となる身体的特質、つまり関節可動域（ROM）やその範囲内でコントロールする能力などは軽く見られがちです。自転車競技に求められるフィットネスやパフォーマンスは、ピラミッド頂上部の冠石のような大きさであることが理想ですが、サイクリストのピラミッドは、逆三角形だったり、土台がグラグラしていることがほとんどです。こうしたピラミッドでは、土台の上に形成されるフィットネスの層がどれも不安定になり、怪我などによって簡単に崩れてしまいます。一方、時間をかけてどっしりとした頑丈な土台を築いたピラミッドでは、上の層がしっかりと安定します。これによってつくられる怪我に強い身体は、自転車競技力向上に直結します。

痛み　トレーニング計画の立て方と同じく、痛みの感じ方にも大きな個人差があります。熱いという感覚が火傷を防いでくれるように、痛みも種類によっては役に立ちますが、慢性の腰痛など、放っておくと身体に悪影響が生じるものもあります。専門家のアドバイスを求めることは、もちろん無駄ではありません。しかし多くの場合、炎症の初期であれば、完全に休養するのではなく、注意しながら積極的に活動するのが回復への最善の道です。

固定観念を捨てる　自転車の世界には、伝統と深く結びついたトレーニング神話が存在します。しかしようやく最近になって、このような"昔からこうしてきたから"式の考え方にも変化が生じ始めています。ボディコンディショニングはとりわけ進歩が著しく、かつては軽視されていたこのトレーニングを今ではあらゆる一流サイクリストが採り入れています。あなたの目標はグランツールへの出場やオリンピックでの金メダル獲得ではないかもしれませんが、ボディコンディショニングは競技成績を向上させるだけでなく、健康を増進し、怪我に強い身体づくりにも効果があります。

時間をうまく使おう　バイクに乗る時間があなたにとってどれだけ大切か、私たちはよく理解しているつもりです。その上で一部の時間をボディコンディショニングにあてるよう勧めているのは、このトレーニングの価値を確信しているからに他なりません。特にプロセスの初期段階、つまり可動性というしっかりした土台づくりに集中している間は、毎日のちょっとしたエクササイズでも驚くような効果が得られるはずです。高負荷のエクササイズに進む頃には、競技成績に与えるプラスの効果を最大限に高めるために、こうしたトレーニングをどのような形でシーズンに組み込むべきかがわかってくるでしょう。

道具は最小限　本書のトレーニング計画の大部分は、道具を最小限しか必要とせず、ジムに入会する必要もありません。高負荷トレーニングに進んだ段階ではじめてジムでお馴染みの器具が活躍することになりますが、持久力強化を目的とする多くのサイクリストには、必ずしも必要ではありません。

▼自分に合った計画的なボディコンディショニングは、レベルを問わずすべてのライダーに有効だ。

THE ASSESSMENT

アセスメント

これまで述べてきたとおり、自転車のトレーニングマニュアルで紹介されるオフバイクコンディショニングエクササイズの多くが通り一遍なものとなっています。こうしたエクササイズを行っても、サイクリストは貴重な時間を無駄にするだけで、効果は得られません。それだけならまだしも、一部のエクササイズは危険で、実際の怪我につながることさえあります。

前章で述べたとおり、自転車競技は動作やコンディショニングの観点からいえばかなり限定的な活動であるため、多くのライダーが動作能力やフィットネスに問題を抱えています。その状態でむやみにバックスクワットやデッドリフトを行えば、悲惨な結果につながりかねません。適切なエクササイズを処方するには、選手の現状でのレベルと制限事項を確かめる必要があります。だからこそ、アセスメント作業はコンディショニングにおいて不可欠なのです。

本書の根幹でもあるアセスメントの手法は、グレート・ブリテン・サイクリング・チームの全新人選手に課されるプログラムを参考にしています。このアセスメントを通じて何らかの弱点が見つかった場合、それが最優先の課題になります。結果的にジムトレーニングやバイクトレーニングをしばらく減らすことになったとしても、キャリアを通して長く成功し続けたければ、弱点の克服に時間を割く必要があります。

自分の強みと弱みを知ると、自身が取り組むオフバイクトレーニングが各自のニーズに直結した効果的な手法であると自信がもてるようにもなります。正直なところ、人は自分の強みばかりを伸ばしたがるものです。自転車競技のワークアウトでも、得意な内容や楽しめる内容に引きつけられ、練習に偏りが出ている人は多くいます。クライマータイプの選手なら、起伏の多いコースを楽しいと感じるでしょうし、体格のがっしりしたルーラータイプの選手なら、平坦な道へ走りにいくことが多いのではないでしょうか。しかしながら多くのケースでは、弱点を見つけてこれを集中的に克服することが最も効果的です。このルールをその

まま活用したのがオフバイクコンディショニングであり、アセスメントを通じて見つかった弱点を修正すれば、パフォーマンスと怪我への耐性をより容易に向上できると私たちは考えています。オフバイクコンディショニングによって見かけの強さは変わらないかもしれません。しかし弱点を克服すれば、コンディショニングの幅広い土台の上にピラミッドが築かれ、強くバランスの良いサイクリストとして活躍できるはずです。

▼アセスメントは身体の車検のようなもの。どの部位を特に強化すべきかがわかる。

アセスメントとエクササイズは自分にとって必要か？

　本書でのアセスメントでは、自転車を乗りこなす技術があるかどうかを見るわけではなく（その技術ならすでに身につけている読者がほとんどでしょう）、認識してほしいのは、レジスタンストレーニングやストレングストレーニングを安全かつ効果的に行う技術があるかどうかを確認するものであるということです。現状のレベルを計測し評価することで、その人に最も必要な能力と、それを向上させるエクササイズを決めることができます。

　一度合格したから、あるいは失敗したからといって、テストは終わりではありません。アセスメントを繰り返し、各レベルを行き来しながら、アスリートとしての進化と向上を続けていくのです。ある意味では、自転車のメンテナンスと同じと言っていいでしょう。あなたはいつも走行前に自転車を点検し、必要に応じてタイヤに空気を入れたり、ヘッドセットを締めたり、チェーンに油をさしたりするはずです。これらはバイクの調子が悪かったとしても状態を改善するためにできるシンプルな作業です。アセスメントを走行前点検と同じようなものだと捉えましょう。紹介するエクササイズはバイクメンテナンス作業にあたります。

　下の図は、自転車競技者の正規分布曲線を表しています。両端の比較的小さなグループは、どちらも本書の対象読者ではありません。左端のグループは、医学的な理由により、本書の範囲を超えた特殊なサポートを必要とする自転車競技者たちです。一方で右端に位置するのは、すでに高レベルの筋力トレーニングとコンディショニングを取り入れている世界的なアスリートたちです。初心者から実戦的な選手まで、圧倒的多数のサイクリストが含まれる中央のグループに本書は有効だと考えています。

　アセスメントを始める前に、まずは身体に痛みがないことを確認しましょう。現時点で怪我をしている、あるいは自転車に乗っているときもそうでないときも痛みや不快感

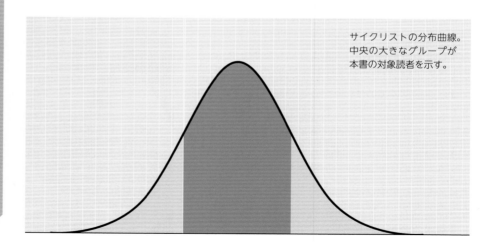

サイクリストの分布曲線。
中央の大きなグループが
本書の対象読者を示す。

が消えないという場合は、適切な医療関係者への相談
をお勧めします。専門家によく話を聞けば、計画を進
めるべきかどうかという判断がしやすくなるはずで
す。ただし、アセスメントとそれに対応するエクササ
イズを通じて、身体の状態や怪我が劇的に回復する場
合も少なくありません。例えば、自転車で数時間ほど
走った後、多くのライダーは腰に痛みや張りを訴えま
す。その原因となるような怪我をした経験が過去にも
現在にもなく、バイクセッティングにも問題がないと
するならば、いったい何が腰の痛みや張りを引き起こ
しているのでしょうか？　本書はそれを体系的に突
き止め、修正するための効果的なエクササイズを紹介
していきます。
　オフバイクのコンディショニングは、トレーニング

▲アセスメントを通じて、あなたの現状でのコンディショニング
レベルや、適切なエクササイズがわかる。

計画の一環として、普段から積極的に取り入れる必要
があります。定期的かつ継続的に時間を割いてコンデ
ィショニングをすることが、サイクリストとしての成
長には不可欠です。変化はすぐ現れるわけではありま
せんが、コンディショニングを正しく行えば自転車の
上でも、自転車以外の生活でも、ずっと快適に過ごす
ことができるでしょう。
　アセスメントとそれに対応するエクササイズの手
順は、写真などを使って詳しく説明されています。し
たがって、過去のコンディショニングやジムトレーニ
ングの経験は不要です。むしろ、白紙の状態で始めた

ほうが有利とさえ言えるかもしれません。なぜなら過去にストレングストレーニングを実施していたサイクリストは、誤った指導によって悪い習慣を身につけている可能性が高く、負荷を減らしてフォーム修正を行うことをストレスに感じやすいからです。

　サイクリング上での問題がストレングストレーニングで解決するという話を、あなたはコーチやバイクフィッター、さらにバイク仲間からも聞かされたことがあるのではないでしょうか。しかし残念ながら、正しい知識をもってこうしたアドバイスをする人はほ

とんどいません。あなたが興味をもったとしても、相手は画一的なエクササイズを提案してくるか、自分で調べろと言ってくるかのどちらかでしょう。ですが、本書を参考にすれば、誰でも迷うことなく、自分のニーズに応じた正しいトレーニングを始めることができます。

▼あるサイクリストに有効なエクササイズが、別のサイクリストにも有効だとは限らない。これはプロ選手の間でも同じだ。

自由度と可動域（ROM）

膝の
ROM

股関節
のROM

足首の
ROM

▲スクワットなどの複雑な動作を行うためには、
多くの関節でROMが良好でなければならない。

本書によく登場する「自由度」という言葉は、読者にはあまり馴染みがないかもしれません。私たちはこの「自由度」という言葉を、紛らわしく誤解を招きやすい「柔軟性」という言葉の代わりに用いることにしました。柔軟性とは厳密には屈曲、つまり関節の曲がり具合を指す言葉です。しかし実際の関節は屈曲する以外にも、さまざまな動き方をします。

関連して、本書には「可動域（Range of Movement: ROM）」という言葉も登場します。可動域とは、膝などの関節が動く範囲を示す言葉です。理学療法士はゴニオメーターという道具を使って、ROMを測定することがあります。関節の可動性が低いと動かせる範囲は狭くなるため、可動域としての数値は小さくなります。

複雑な多関節運動を正しく行うためには、第一に複数の関節のROMが良好でなければなりません。例えばスクワットに関わるのは足首、膝、股関節ですが、仮に足首のROMがいくらか不足していても、膝と股関節のROMが広ければ、スクワットができる自由度（可動域）があると判定されます。多少の不足であれば、足首の分を他の関節が補ってくれるというわけです。動かしづらい1つの部位を他の部位が補い、特定の動作を可能にするというのは、人体の驚くべき能力です。

ただし、こうした補償能力にも限界はあります。もし足首のROMの不足がより大きく、膝と股関節で使用できるROMがより少ない場合は、正しくスクワットをするのが困難になり、怪我のリスクも高まるのです。

ROMの狭い関節が複数あると、当然のように身体は動かしづらくなり、上手なスクワットはできません。これは私たちが言うところの、「スクワットに必要な自由度が足りていない状態」です。

身体の自由度は、各関節のROMの合計によって決まると言い換えてもいいでしょう。したがって、ROMの不足している部位を見つけて修正すれば、合計値（自由度）が増し、全体的な動作能力が向上します。

アセスメントの仕組み

　関節の動きを調べるためのテストは数え切れないほど存在しますが、多すぎる情報はかえって混乱を招きやすくなります。またそうしたテストは、ひとりで行うには難しいものばかりです。そこで私たちは、サイクリストに特有の問題が起こりやすく、多くの動作に不可欠な部位に絞ってテストを課すことにしました。

　最初に股関節回りの動きを調べます。ここからスタートする理由は、股関節こそが身体の中心であり、多くの筋肉が付着する部位だからです。この部位に必要な可動域とコントロールが確保されているかどうかは、それ以外の部位にも大きな影響を与えます。股関節のチェックが終わったら、引き続き他の胴体部位である胸椎を観察し、伸展と回旋を評価します。さらに視線を上に移して肩の動きを評価し、続いて身体のもう一方の末端である足首の動きを確認します。なぜ膝をテストしないのかと疑問に思う人がいるかもしれませんが、膝の上下にある2つの複雑な関節、すなわち腰椎および骨盤と足首をテストすれば、膝の動きも実質的にチェックできたことになるのです。比較的単純なつくりをした膝関節は、その問題の多くが実際には上下にある関節に由来するという点で厄介な存在です。ここまで各部位に分けて説明してきましたが、特にアセスメントの初期段階では、身体を全体として捉えることが大切になります。すべての部位が連携して動いていることがすぐに実感できるでしょう。

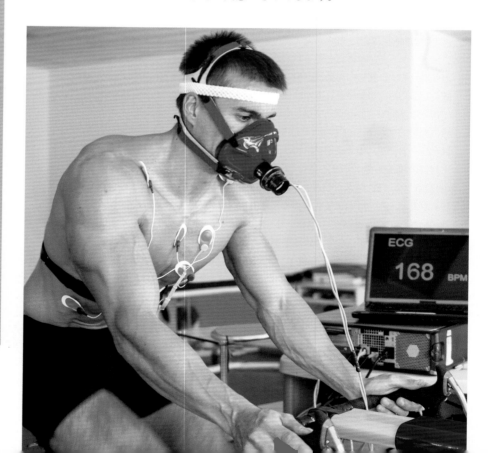

テストはひとりで行えるものばかりですが、パートナーの助けを借りればいっそう簡単になります。パートナーには、あなたがチーティングをしないよう見張ってもらい、今後の参考として動画や写真を撮影してもらうとよいでしょう。テストは1つずつ順番にこなし、合格できなかった場合は必ず時間をかけてエクササイズに取り組んで、問題を解決してから次のレベルに進みます。モノポリーと同じく、テストに失敗してGoを通過できなければ、あなたはたちまち「エクササイズ刑務所」へ送られるというわけです。

といっても、このプロセスは自転車の上でのパフォーマンスの向上が遅くなるということを意味しません。テストを通じて弱点を把握するだけで、既に着実な進歩を遂げています。テストを行い、弱点を強化し、再びテストするというサイクルが繰り返されるうちに、コンディショニングの幅広い土台が築かれるのです。アセスメントとそれに対応するエクササイズは、あらゆるオフバイクコンディショニングセッションを行う前に欠かせない準備動作になります。実際にやってみると、自分のレベルが1日単位でも大きく変動するのが感じられるはずです。例えば、ハードなライディングの後や長いドライブの後、または熱心に庭仕事をした後には、一度合格したテストでも手こずるかもしれません。数分ほどで動かしづらい部位がうまく動かせるようになっていくのであれば問題ありませんが、そうでなければ、ワークアウトの計画と優先順位を見直す必要があります。例えば、あなたはタイムトライアル用のバイクで高強度のインターバルセッションを行うつもりだったものの、座り心地の悪い椅子の上で一日中ミーティングをこなし、腰回りや後背部に張りが出てしまったとします。そんなときはセッションを強行せず、自分のレベルが普段より低下して

◀可動性と筋力をテストすることは、最大酸素摂取量や閾値をテストするのと同じくらい重要だ。

いることを、まずアセスメントによって確認しましょう。その上で自分に有効だと感じられるエクササイズに取り組み、再びアセスメントによって身体の状態をチェックします。ここで許容範囲のレベルまで戻っていたら、ハードな練習に耐えられる身体になっていることに確信がもてます。この作業によって、計画したインターバルセッションに自信をもって取り組むことができます。問題の部位をどうしてもうまく動かせない場合は、軽くホームトレーナーに乗車した後にモビライゼーション改善のためのエクササイズをしっかり行い、インターバルセッションは週の後半に延期することを勧めます。

好例なのがグレート・ブリテン・サイクリング・チームに所属するカラム・スキナーです。彼がとにかく苦手にしているのはアクティブ・ストレート・レッグ・レイズ（ASLR）です。ASLRは私たちのアセスメントにおける基本動作の1つで、体軸に負荷のかかるエクササイズ、例えばスクワットなどを行う技術に直結しています。したがって、これらのエクササイズをASLRの修正なしで行えば、カラムの腰の問題はますます悪化するでしょう。そこで彼は普段のエクササイズにおいて、ウエイトを挙げる前に必ずASLRのテストを行うというルールを決めています。75度まで脚が上がらなかったときは、いくつかのエクササイズをこなして改善を図った後、改めてウエイトを挙げるようにしているのです。エクササイズの効果はすぐに現れる日もありますが、そうでない日は、評価を繰り返してトレーニングを調整します。

多くのホビーサイクリストの場合、全てのアセスメント項目をパスできるように取り組み、シンプルな自重エクササイズを正しく実行できればそれだけで自転車のパフォーマンスと全般的な怪我への耐性が大きく向上するでしょう。まずコンディショニングの幅広い土台をつくること、さらにその状態を保つことは、タイムトライアルやトラック競技のために特化し

▲最高レベルで活躍する自転車競技者でも、アセスメントを通して何らかの問題が浮かび上がることがある。

た高いハードルを掲げない限り、初心者にとっても十分に実現可能なゴールです。

本書ではパフォーマンスのための鍵となる部位をアセスメントの対象とします。これらの部位は、サイクリストを支えてきた私たちの豊富な経験、並びにその中で実際に広く見られる問題をもとに設定されたものです。こうした問題を抱えることについて、トップレベルのサイクリストも例外ではありません。トップ選手にとっても近道はなく、多くのトレーニングを通じて徐々に負荷を増していくことによってのみ進歩していきます。トップレベルのサイクリストはバイクに乗ると圧倒的な強さを見せますが、効果的なオフバイクコンディショニングのために時間も手間も必要なことには変わらないのです。例えば、一部トラック女子中距離選手にとっては、質を維持しながら自重でのスクワットを10回行うことができるようにするだけでも大きなチャレンジでした。こうした選手たちのコンディショニングを参考にしながら、皆さん一人ひとりの成長に最も効果的なエクササイズを紹介していきます。それと同時に怪我をしやすい場所、つまり強化することで最大限の見返りを得られるような

場所の見つけ方も紹介します。自分に合っておらず、時に危険となるような大量のエクササイズに、あなたはもう時間を無駄にする必要はないのです。フィル（著者）がサー・ブラッドリー・ウィギンズと仕事を始めた当初、ウィギンズはチームから27種類ものエクササイズに取り組むよう指示されていました。ですが本人も心配していたとおり、エクササイズがそれだけ多くては、実戦的なバイクトレーニングの時間など取れるはずもありません！　自転車を使わないコンディショニングの手法は、そのほとんどが画一的で、しかも根拠に欠けています。しかしアセスメントを通じて弱点を明らかにすれば、誰もが迷うことなく、自分にとって最も効果的なエクササイズを実行できるのです。10種類のエクササイズを時々でたらめに行うよりも、厳選した3種類のエクササイズを日々正しく続けるほうが、効果ははるかに高いと言えるでしょう。

高度なストレングストレーニングに進む前に、私たちは身体の重要な部位を3段階で評価します。

可動域（ROM）

遺伝、傷病歴、日常生活など、関節の可動域に影響を与えうる要素は数多くあります。ただし成人の場合は、普段の「使いすぎ」が原因でROMが狭くなっていることがほとんどです。一般に赤ん坊や幼い子どもは、大半の関節で広いROMを示しています。股関節、膝、足首などの重要な関節でROMをもつ彼らは、簡単に深くしゃがみこめますが、これを真似できる大人はそう多くありません。残念なことに私たちの身体は、時間の流れには抗えないのです。ハムストリングが肉離れを起こしたまま最適な治癒を受けずにいると、瘢痕組織が形成され、結果として股関節と膝関節の両方でROMが狭まりやすくなります。長時間のデスクワークをこなしたり、車を運転したり、自転車で走ったりしても、やはり多くの関節のROMに影響が出るでしょう。再度言いますが、複数の関節に関わる動作の自由度は各関節のROMの合計で決まり、動きづらい関節が1つでもあれば、動作全体がうまくいかなくなります。ですが幸いなことに、狭くなったROMへの対処法はないわけではありません。それを実践すれば、赤ん坊ほどではないにせよ、あなたの動作性は今より確実に高まるでしょう。

あなたはサイクリストとして、なぜペダルストロークが必要とする以上のROMが求められるのかと疑問に思っているかもしれません。ROMの広さが重要なのは、それが怪我を予防し、コンディショニングのピラミッドの土台をつくるからです。あなたがどれだけ力強く自転車を漕げたとしても、ピラミッドの頂上部が重すぎれば、全体がとても不安定になります。また、サイクリングに関わる各関節のROMが狭いと、自転車に乗っているときもそうでないときも、動作の自由度が著しく低下するはずです。自転車に乗っているときは、わずかな姿勢の変化や筋肉疲労をきっかけに、パフォーマンスの低下、不快感、そして怪我が生じやすくなります。自転車に乗っていないときでも、歩きづらさを感じるでしょう。多くのエクササイズや日常の活動などで、可動域を超えた難しい動きをしようとすると、怪我のリスクも高まります。

サポートを利用した状態でのコントロール能力

可動域（ROM）が十分かどうかを判断したら、サポートのある状態で比較的単純な動作を行い、コントロールの度合いを確認します。遺伝的に並外れて可動域の高い関節をもつ人々をはじめとした、驚くほど広いROMを示す人々はROMの中でのコントロールに問題があるケースが多いことがわかっています。

一般に、重いウエイトを挙げられる人は身体が大きく、がっしりしており、「柔軟性がない」と考えられています。しかしこれは誤解です。オリンピックの重量挙げ選手などは、極度に負荷がかかった状態でも、あらゆるアスリートより広い可動域を示し、抜群のコントロール能力を発揮します。重量挙げ選手並みの可動域を遺伝的にもつ人々もいますが、訓練を受けなければ宝の持ち腐れになります。彼らは重量挙げ選手と同じ姿勢をつくれても、コントロールに欠けるため、ウエイトを安全に扱うことができないのです。

再びアクティブ・ストレート・レッグ・レイズを例にとると、コントロールの基準となるのは、75度まで上げた脚をスムーズに下ろせるかどうかです。途中で脚が曲がったり、腰が床から離れたりしたら不合格になります。コントロールを要求されるという点では、単純なROMテストに比べて関係する関節の数が増え、動きの難易度も上がります。ただし、アクティブ・ストレート・レッグ・レイズは床に横たわった状態で体重を支えられながら、実質的に1つの平面で行う動作です。そのため、サポートのない状態で行う3次元の動作ほどきつくはありません。

サポートを利用しない状態での
コントロール能力

　サポートなしの場合、複数の関節をより高いレベルでコントロールし協調させる、より複雑な能力が求められます。具体的にはヒップヒンジ、スクワット、スプリット・スクワット、プレスアップ、ローなどがそうした動作にあたります。スクワットをはじめとして、どれもがシステムとして一体となって動作させるための要素として広い可動域と、その可動域で複数の関節を連動させながらコントロールする能力を要求するエクササイズです。これらの自重動作がうまくできるようになったら、負荷のかかるエクササイズ、上級者向けのトレーニング、高強度の筋力トレーニングに進んでも構いません。しかし多くのサイクリストにとっては、このレベルをまず維持することが、極めて有益で価値ある目標となるでしょう。

アセスメントに必要な道具

　アセスメントを行う際には、いくつかの簡単な道具が必要になります。

- バー（またはほうきの柄、ビニールパイプ）
- 分度器またはゴニオメーター
- 壁や床に印をつけるテープ

　より複雑な動作（ヒップヒンジ、スクワット、スプリット・スクワット、プレスアップ、プルアップ）を行うときは、トレーニングパートナーにテストの様子を撮影してもらうのも良い方法です。使用するのは携帯電話のカメラで構いません。撮影することで、自分がどれだけうまく動けているかを客観的に評価できます。

ストレングストレーニング

　3段階のアセスメントに合格し、自転車競技などの活動に適したフィットネス、または目標とする身体の状態に達したら、負荷のかかる体系的なストレングストレーニングに移行できます。ここでも取り組むべきエクササイズが用意されています。例えばゴブレットスクワットに習熟し、その他のスクワットのバリエーションもこなせるようになってから、より高度で負荷のかかるバリエーションに進んでいくといった具合です。プログラムのこの段階では、ウエイトを挙げるトレーニングをいつ、どのような形でバイクトレーニングに組み込むか、慎重に検討しなければなりません。その方法については、第5章で詳しく説明します。ただし、アセスメントとそれに対応するエクササイズを決して後回しにしないということだけは覚えておいてください。アセスメントは繰り返し、何度も見直す必要があるのです。長時間のドライブやきつい庭仕事の後など、サイクリングが原因でも、そうでなくても、あなたの身体のレベルは低下するおそれがあります。また、ウエイトを挙げる前のチェックやルーティンとして、アセスメントを活用することも可能です。

▼負荷を使った動作は、その前段階を確実にクリアしてから始めなければならない。

以下に、アセスメントの対象となる動作のガイドラインを写真付きで説明しました。色分けされたフローチャートを参考に、自分のパフォーマンスに応じたエクササイズを優先度の高いものから進めていきましょう。その際は自分に嘘をつかず、誠実にテストに臨むことが大切です。いずれかの、あるいはすべてのテストに合格できなかったとしても、それ自体は悪いことではないし、あなたの自転車競技力と直接には関係がありません。前述のとおり、最高レベルで活躍するサイクリストの間でも、これらのテストを苦手とする人や、多くのエクササイズをこなしてようやく合格する人はめずらしくないのです。

フローチャートの見方

このフローチャートでは、本書のエクササイズの進め方と、あなたにとって最も適切かつ効果的なオフバイクエクササイズの組み方を示しています。

読者の皆さんには、本書を通読した上で、このフローチャートに戻ることを強くお勧めします。

フローチャートの最上段に示したのは、可動域（ROM）とそのアセスメントに対応するエクササイズです。これらに合格できたら、サポートを利用した状態でのコントロール能力改善のためのエクササイズと、そのアセスメントに対応するエクササイズに進みます。ただし、可動域の評価で1つでも不合格があった場合は、可動域を改善する第2章のエクササイズを行ってください。先に進むことができるようになるまでは、このレベルに取り組みながら評価を繰り返しましょう。

フローチャートの作業はこのような手順で続けていきます。アセスメントに対応するエクササイズを完了するまでは、次のレベルに移行したり、新たなエクササイズを開始しないようにしてください。

ただし、身体の「レベル」は部位ごとに違う可能性があるので注意が必要です。例えば、上半身はサポートを利用せずにコントロール能力改善を目指せるようであっても、下半身はまだ可動域の修正に取り組んでいるという状況が起こりうるわけです。下半身に限定して言えば、アクティブ・ストレート・レッグ・レイズ・アンド・ロワーに成功したとしても、ニー・トゥー・ウォールが苦手な場合は、スクワットやスプリット・スクワットにも同じく苦戦するでしょう。

ぜひ意識してもらいたいのは、フローチャート上の旅は直線的に進むわけではないということです。あなたのレベルは、トレーニングや怪我などの影響によって絶えず上下動します。それでも、このプログラムを始めればすぐに自分の強みや弱み、そして鍛えるべき部位を把握できるはずです。

アセスメントの動作

アセスメントのフローチャート

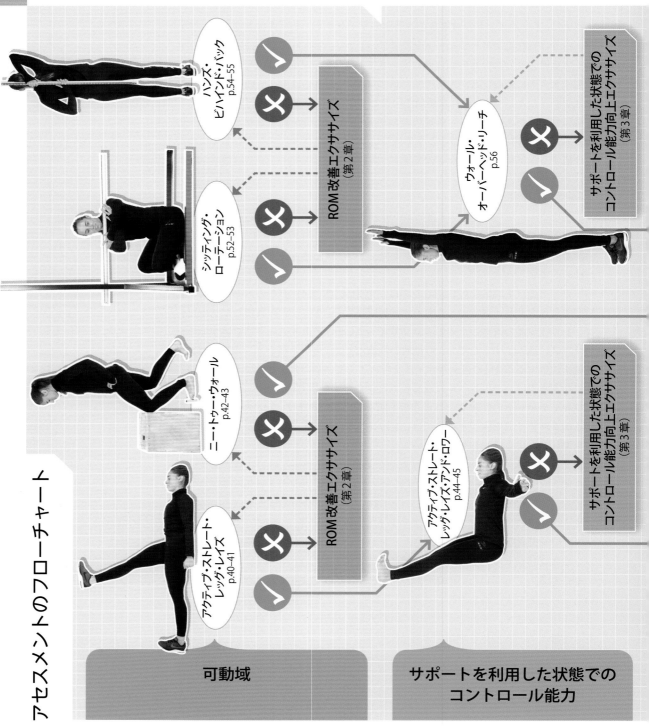

ハンズ・ビハインド・バック
p.54-55

シッティング・ローテーション
p.52-53

ニー・トゥー・ウォール
p.42-43

アクティブ・ストレート・レッグ・レイズ
p.40-41

ROM改善エクササイズ
（第2章）

ROM改善エクササイズ
（第2章）

ウォール・オーバーヘッド・リーチ
p.56

アクティブ・ストレート・レッグ・レイズ・アンド・ロワー
p.44-45

サポートを利用した状態での
コントロール能力向上エクササイズ
（第3章）

サポートを利用した状態での
コントロール能力向上エクササイズ
（第3章）

可動域

サポートを利用した状態での
コントロール能力

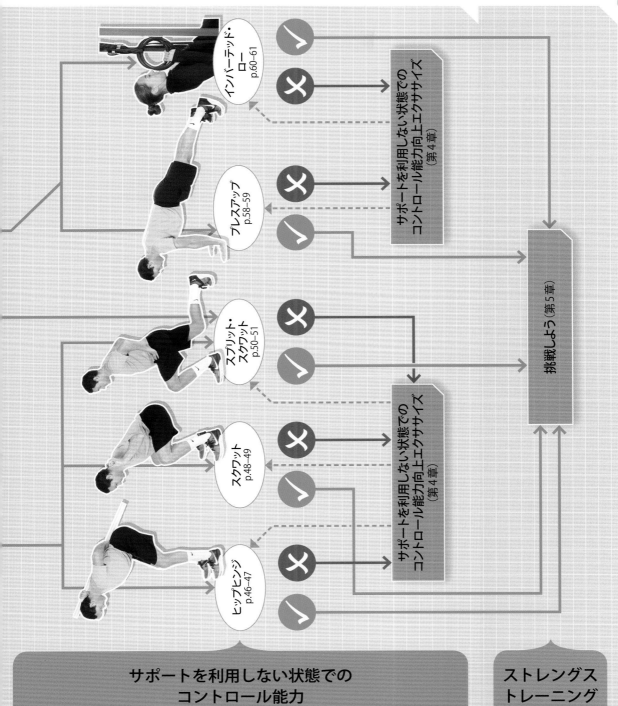

インバーテッド・
ロー
p.60–61

プレスアップ
p.58–59

スプリット・
スクワット
p.50–51

スクワット
p.48–49

ヒップヒンジ
p.46–47

サポートを利用しない状態での
コントロール能力向上エクササイズ
（第4章）

挑戦しよう（第5章）

サポートを利用しない状態での
コントロール能力

ストレングス
トレーニング

読者が簡単に参照できるよう、このフローチャートは巻末の174-5ページにも掲載しています。

股関節、腰椎、骨盤、脚

ROM：アクティブ・ストレート・レッグ・レイズ（ASLR）

合格：75度まで脚が上がる
不合格：75度まで脚が上がらない、またはそれ以外で停止してしまうとき

　表面的には、ASLRはとても単純なテストです。しかし見た目の単純さ以上に、このテストから明らかになる事実は多くあります。ハムストリングの柔軟性を確かめるテストなのではないかと、一見して思う人もいるでしょう。確かにそれも評価の対象ですが、このテストでは他にも多くの部位に焦点を当てます。要求されるのは、片側の脚を伸ばしながら、もう片側の股関節を曲げる能力です。この能力はサイクリング動作に関わるだけでなく、ウォーキング、ランニング、ランジなどのあらゆる歩行パターンでも重要になります。さらにこのテストを行うと、身体の左右差（非対称性）が明らかになり、骨盤のコントロール能力が評価されます。テスト中、ふくらはぎが伸びるような感覚を覚えるかもしれませんが、これはハムストリングス以外の部位も関連しているという証拠です。床に横たわることで身体がサポートされるため、コントロール能力はそれほど必要としません。したがって、簡単に正しいフォームで動作を行い、ROMを評価できるはずです。

- 分度器と定規を使って、75度の角度にあたる壁上の場所に印をつける。
- 床に仰向けになり、脚を揃えてまっすぐ伸ばす。
- 腰が床から離れないよう意識し、テスト中も接触を保つ。
- 両腕は身体に対して45度の角度になるように下ろす。
- つま先を上に向ける。
- 片脚を床につけたまま、もう片脚をゆっくり上げていく。
- 途中で止まることなく、75度の角度まで上がることで合格。
- 脚を交代して繰り返す。

⚠ 不合格ライン：

- テスト中に痛みまたはけいれんが起きたとき。
- 腰が床から離れたとき。
- 上げないほうの脚が床から離れたとき。
- つま先を上向きにした状態が保てないとき。
- 脚の左右で差が出たとき。*
- 脚が75度まで上がらなかったとき。

＊両脚に何らかの能力差が見られる場合、これは身体の不均衡を示すものとして「不合格」扱いとする。片脚だけが目標の75度に届かないといったケースが代表例。

▶75度まで脚が上がった
としても、背中が曲がっ
たら不合格。

可動域：ニー・トゥー・ウォール

合格：11cm離れた場所から膝が壁に届く
不合格：11cm離れた場所から膝が壁に届かない、またはそれ以外の不合格ラインに達したとき

　足首の可動域が重要なのは、スクワットなどの複雑な動作において、足首が重要な関節の1つになるからです。足首がきちんと背屈（足部が脛に向かって曲がる）しないと、そこから上の関節のROMがどれだけ広くても、全体の動きには支障が出ます。すべての関節と同じく、足首もまた使わなければ衰えていきます。動かせる範囲いっぱいに定期的に動かしておかないと、その可動域は減っていくのです。ペダリング中に、いわゆる「アンクリング」をする人も少なくありませんが、これは足首の能力を活かしきれているとは言えない動作です。トライアスリートの場合は、伸展（つま先を伸ばす）ができないなどの理由で足首のROMが狭まると、効果的なフロントクロールレッグキックを行う上での大きな妨げになります。

■壁から11cm離れた床に印をつける。靴を脱ぎ、壁に向かって立つ。
■片足の親指を印の上に置き、膝を曲げて壁に触れる。
■腰は地面に対して直角に保つ。ただし、後ろの脚は曲げたり位置を調整したりして、動きやすくしても構わない。
■脚を交代して繰り返す。

⚠ 不合格ライン：

■テスト中に痛みまたはけいれんが起きたとき。
■11cmの印から膝が壁に届かないとき。
■脚の左右で差が出たとき。

◀壁から11cm離れた場所に、つま先を置く印をつけよう。

サポートを利用した状態でのコントロール能力:アクティブ・ストレート・レッグ・レイズ・アンド・ロワー

合格: チーティングをせずに、可動域をしっかりとコントロールできる

不合格: コントロールの不良および（または）チーティングをしたとき、あるいはそれ以外の不合格ラインに達したとき

　アクティブ・ストレート・レッグ・レイズのテストで十分な可動域があることを確認できたら、この可動域でのコントロール能力をチェックし、両脚が左右対称かどうかを再び確かめなくてはなりません。今後さらに複雑な多関節運動や、負荷のかかるエクササイズに進んでいくと、可動域のコントロールは不可欠になります。例えば、ディープスクワットをするのに十分な股関節の可動域があったとしても、腰と骨盤のコントロールが不足していれば、あなたはこの動作に安全に負荷をかけることはできません。カヌーに乗った状態で大砲を撃つのがいかに難しいかを考えれば、コントロールの重要性が理解してもらえるでしょう。

■アクティブ・ストレート・レッグ・レイズに合格してから始める。

■脚をいちばん高く上げたところで息を吸う。そして吐き出しながら、コントロールを保った状態で脚を下ろす。

■脚を交代して繰り返す。

⚠ **不合格ライン:**

■テスト中、ハムストリングなどの部位で痛みまたはけいれんが起きたとき。

■腰が床から離れたとき。

■上げないほうの脚が床から離れたとき。

■脚を下ろしている途中で膝が曲がったとき。

■つま先を上向きにした状態が保てないとき。

■息が止まったとき。

■脚の左右で差が出たとき。

▶脚を下ろしている間は、床から腰を離さないように注意すること。

サポートを利用しない状態でのコントロール能力:ヒップヒンジ

合格:テストの初めから終わりまで接触を維持できる
不合格:接触を1か所でも失う、またはそれ以外の不合格ラインに達したとき

このヒンジの動作は、アクティブ・ストレート・レッグ・レイズ・アンド・ロワーと基本的には変わりません。ただし立ち上がった状態で行うため、サポートが減り、必要なコントロールは増えます。ヒップヒンジは人間の基本動作であり、脊椎と骨盤の位置をコントロールしながら、体重をうまく後ろに移せるかどうかが課題になります。床に落ちた物を拾い上げるときなど、股関節で前傾するときはいつでも、背中を丸めずに正しくヒップヒンジをすることを心がけましょ

う。なぜならこの技術は、脊柱を守るために重要であり、背中の痛みの予防にもつながるからです。ジムにおいては、ヒップヒンジはデッドリフトなどのエクササイズのほか、一部のスクワットを行う上でも重要な役割を果たします。したがって、正しくヒンジできないまま負荷をかけると、身体には望ましくない負担がかかることになります。デッドリフトの後、多くのアスリートが腰に不快感を訴えるのもこれが原因なのであって、そこから広まった「デッドリフトは背中に悪い」という説はまったくの誤解です。エクササイズそのものが問題なのか、その方法が問題なのかということを、私たちは考えなければなりません。

▼タイムトライアルポジションをとるのに苦労している人には、オフバイクトレーニングが間違いなく役に立つだろう。

- 分度器と定規を使って、壁に50度の角度の印をつけます。
- 足を肩幅くらいに開いて、地面に対して垂直に立ちます。膝は伸ばしますが、ロックはしません。
- 左の写真のようにバーを持ちます。バーと後頭部、右手と首の裏側、バーと上背部、左手と腰、バーと尾てい骨の接触は、テストを通して維持しましょう。
- 腰を後ろに押してヒンジします。膝は多少曲がっても構いません。
- 50度の角度を目指して前傾します。いったん停止した後、最初の姿勢に戻りましょう。
- 複雑な動作なので、友人にそばで動画を撮影してもらい、フォームを評価してみるとよいでしょう。

<50°

⚠️ **不合格ライン：**

- テスト中に痛みまたはけいれんが起きたとき。
- 胴体の角度が50度に達しないとき。
- 膝が過度に曲がったとき。まっすぐ伸ばしたまま、固定されない状態が望ましい。
- テスト中のどこかの段階で、バーとの接触点が1か所でも失われたとき。

サポートを利用しない状態でのコントロール能力：スクワット

合格：ディープスクワットができる
不合格：いずれかの不合格ラインに達したとき

ヒンジ同様に、スクワットも人間の基本的な動作です。赤ん坊や幼児を観察すればわかるように、彼らにとってスクワットは快適で、しかも保つのが簡単な姿勢です。発展途上国においては、主に用を足す際などに、スクワットが日常的に行われています。対照的に先進国では、長時間のデスクワークやドライブ、またはソファの上で過ごす生活様式が定着したことから、スクワットの能力が失われ、それに関連した問題が生じています。技術的に言えば、ディープスクワットは、パフォーマンス向上を目的とした負荷のかかるスクワットとは同じではありません。ここでは、全般的な動作能力を測る指標として優れているという理由から、ディープスクワットの技術を評価します。腰がいくらか丸まっていても評価には影響しませんが、負荷のかかるスクワットに進む前に、この問題は解決しておきましょう。パフォーマンス向上を目的と

したスクワットについては、後ほどストレングストレーニングに関する章（5章）で詳しく説明します。

ディープスクワットの姿勢をつくれるかどうかは、その大部分が下半身の自由度に左右されますが、同時に上半身も重要です。胸椎をしっかり伸展させ、胴体と脛を平行に保たなければ、上手なスクワットはできないからです。スクワットは複数の関節に関わる複雑な動作であることから、空間の中で自分の身体を意識し、調整しながら動く能力も必要とします。負荷のかかるスクワットをストレングストレーニングに取り入れる場合は、まずディープスクワットの技術を身につけなければなりません。無負荷のディープスクワットに慣れていない状態で負荷をかければ、当然問題が起こります。可動域の限界近くで負荷をかけることになってしまい、期待できる効果は薄いですし、最悪の場合は怪我にもつながるでしょう。自転車選手向けのコンディショニング指南書では、その効果や安全性を無視してバーベルスクワットを勧めていることがほとんどですが、このエクササイズは数あるスクワットの中でも最も複雑で難しい動作です。一流のサイクリストと仕事をしてきた私たちの経験から言っても、最初からできるような選手はほぼいません。

胴体と脛が平行になっていない

膝がつま先のラインを越えている

膝が崩れている
（膝関節外反）

足が外転し、
過度の「アヒル足」になっている

骨盤の後傾（バットウィンク）
および／または腰椎の屈曲

バーが足の真上に
きていない

■ バーを肩の後ろに置きます。首の上ではなく、やや下の位置に乗せましょう。バーは肩幅よりわずかに広い幅で握ります。この姿勢をとることが難しかったり、不快感を感じたりする場合は、ハンズ・ビハインド・バックやウォール・オーバーヘッド・リーチにも苦戦するはずなので、これらに必要な可動域を広げなければなりません。深くしゃがめない人は、バーなしでスクワットを行って構いません。

■ 足を肩幅くらいに開いて立ちます。つま先をまっすぐ前方、またはわずかに外側に向けます。

■ 臀部を引き締め、胸郭を引き下げて、胴体の筋肉を緊張させます。

■ 肩を後ろに引いて、上半身ごと固定します。

■ 股関節でヒンジすると同時に膝を曲げ、体勢を低くしていきます。

■ 脛はできるだけ垂直に立て、頭はニュートラルに保ちながら、膝を横に開きます。

■ 体勢を低くすると身体が前傾していきますが、脊柱はなるべく丸めずニュートラルに、脛と平行な状態を保ちましょう。バーは常に足の真上にくるよう意識します。

■ 股関節が膝より下、大腿が水平より下になるまで、深くしゃがみます。

■ 上記のフォームの注意点を守りながら、最初の姿勢に戻ります。

■ 複雑な動作なので、友人にそばで動画を撮影してもらい、フォームを評価してみるとよいでしょう。

⚠ 不合格ライン：

■ テスト中に痛みまたはけいれんが起きたとき。

■ 大腿が水平より下になるまでしゃがみこめなかったとき。

■ 胴体が脛と平行にならなかったとき。

■ 膝がつま先のラインを越えて前に出たとき。

■ 膝が崩れたとき（外反膝）。

■ 足が外転し、過度の「アヒル足」になったとき。

■ 骨盤が後傾したとき。

■ バーが足の真上の位置から外れたとき。

サポートを利用しない状態でのコントロール能力:スプリット・スクワット

合格: 身体の両側でスプリット・スクワットができる
不合格: いずれかの不合格ラインに達したとき

　評価の対象となる3番目の基本動作は、スプリット・スクワットです。歩行、ランニング、ペダリングがいずれも左右非対称のスプリットの姿勢から始まることは、きっと皆さんもご存じでしょう。この姿勢を上手につくるには、左右非対称になる両脚、つまり股関節で曲げる脚と伸ばす脚とが最適な自由度とコントロールを保っていなければなりません。前脚の股関節は屈曲し、後ろ脚の股関節は伸展して、下からスプリット・スクワット（ランジ）を支えます。脊柱のコントロール能力が求められるという点では通常のスクワットと同じですが、スプリットの姿勢をとるには、優れたバランス感覚と空間認識能力も必要です。再度注意しておきますが、この動作を習得しないうちに負荷をかける行為は（たとえダンベルやケトルベルを手に持つだけであっても）、本質的に欠陥のあるシステムをつくり上げようとしているのと同じです。そうせずに辛抱強く練習し、正しい技術を身につければ、努力に見合った見返りが得られるでしょう。自転車競技用の効果的なストレングストレーニングのメニューには、必ずスプリット・スクワットのバリエーションが含まれています。なかでも後ろ脚を上げるスクワット、通称「ブルガリアン・スクワット」は、サイクリストが活用できる最高のエクササイズの1つと言えるでしょう。

■ 立った状態から、足を大きく一歩踏み出します。両脚は一直線に揃えるか、わずかにずれても構いません。

■ そのまま後ろ脚のかかとを持ち上げると、実質的にヒップヒンジになり、前傾姿勢がつくられます。胴体を垂直に保つよう指示するのは、よくあるコーチング上の誤りです。

■ 胴体の筋肉を引き締め、脊椎をニュートラルに保ちます。

■ 両脚の膝を曲げ、腰を落とします。まっすぐ下に落ちる動きをイメージしましょう。

■ 前脚の脛は垂直に立て、膝が前に出ないようにします。

■ 前脚と後ろ脚の膝の角度は、90度を目指しましょう。

■ 上記の注意点を守りながら、最初のポジションに戻ります。

■ 踏み出す足を交代して繰り返しましょう。

■ 複雑な動作なので、友人にそばで動画を撮影してもらい、フォームを評価してみるとよいでしょう。

⚠ 不合格ライン：

■ テスト中に痛みまたはけいれんが起きたとき。

■ 前脚と後ろ脚で、膝が90度の角度にならなかったとき。

■ 前脚の膝が前に出すぎたとき。

■ 前脚の膝が内側に折れるか、外側に倒れたとき。

■ テスト中のどこかの段階でバランスを失ったとき。

■ 脚の左右で差が出たとき。

胸椎

ROM：シッティング・ローテーション

合格：フォームと位置を保ちながら、バーでドアフレームの両側に触れる

不合格：ドアフレームのどちら側にも触れることができない、あるいはいずれかの不合格ラインに達したとき

サイクリング中、私たちが身体をひねることは（サドルから降りたり、後ろを確認したりするとき以外に）ほぼありませんが、この動作がうまくできないと、日常生活では問題が生じやすくなります。例えば買い物の場面や、子どもを車から降ろす場面を想像してみてください。あなたは負荷のかかった状態で身体を曲げたり、回旋させたりしているのではないでしょうか。動作に必要な可動域が足りないまま、こうしたコントロールの効かない状況で身体をひねると、怪我をするおそれがあります。さらにこの可動域の不足は、胸椎が伸展しきれていないことが原因だと考えられるため、その状態ではその他多くの重要なストレング

スエクササイズを成功させるのも難しくなります。胸椎を伸展させる能力は、さまざまな種類のスクワットや挙上動作を行う上で欠かすことのできないものです。また自転車の上で最も効率の良いエアロポジションをつくるときにも、重要な要素になります。

■ 床に対して垂直な姿勢で座り、足を組んで胸にバーを当てます。両膝はドアフレームに向かって開きます。
■ 背筋を伸ばし、しっかり前を見ます。
■ 腕と頭の位置が変わらないよう注意しながら、胴体を回旋させます。
■ 目の前のドアフレームにバーで触れてみましょう。
■ 右方向・左方向それぞれ行います。

⚠ 不合格ライン：

■ バーでドアフレームにタッチできなかったとき。
■ テスト中に痛みまたはけいれんが起きたとき。
■ 身体の左右で差が出たとき（どちらか一方向が別の方向よりも回旋しやすいとき）。
■ バーが傾き、胸から離れたとき。
■ 臀部のどちらかが床から浮いたとき。

バーが
傾いている

片側の臀部が床から浮いている

ROM：ハンズ・ビハインド・バック

合格： 両手が拳1つと半分の距離内におさまる
不合格： 両手が拳1つと半分の距離におさまらない、あるいはいずれかの不合格ラインに達したとき

　肩の可動域が狭いと、サイクリングにも悪影響を及ぼしかねません。その典型的な問題は、肩から首にかけての張りや痛み、または下り坂でアグレッシブな乗車姿勢をとれないといったことです。タイムトライアルやチームパシュートの選手にとって、肩の可動域の不足は、エアロポジションを大きく損なう原因になります。空気抵抗をできるだけ受けないよう、両肘を近づけて前面の面積を減らすのは多くのロード選手も同じですが、肩が張って動きづらくなると、優れたエアロポジションを保つのはやはり難しくなります。そ

れだけではありません。肩に十分な可動域がないと、上半身のそれ以外の部分、特に首や胸椎への負担とストレスが大きくなるのです。背中でバーを担ぐスクワット、またプレスやプルの動作も苦手になるため、ジムでのトレーニングにも制約が出てしまいます。

- バーの上部を握り、小指の位置から拳1つと半分離れた場所に印をつけます。
- 床に対して垂直に立ちます。親指を下に向けた状態で、バーを片手で握り、頭の後ろに回します。
- その手を下にスライドさせ、背中の後ろでバーを握ったもう片方の手は上にスライドさせて、両手をなるべく近づけます。途中で手をひっかけたり、両手を無理やりじわじわと近づけたりしないよう注意しましょう。
- 両手をできるだけ近づけたら、上側の手を離し、下側の手が印に達したかどうかを確認します。

⚠ **不合格ライン：**
- 両手の距離が拳1つと半分より開いてしまったとき。
- 両手をじわじわ近づけたとき。
- テスト中に痛みまたはけいれんが起きたとき。
- 胸椎が過度に曲がったとき。
- 身体の左右で差が出たとき。

◀肘を近づければ、前面の面積を非常に効率よく減らすことができる

胸椎が曲がり
すぎている

サポートを利用した状態でのコントロール能力：ウォール・オーバーヘッド・リーチ

合格：親指で壁にタッチできる
不合格：親指で壁にタッチできない、あるいはいずれかの不合格ラインに達したとき

　ウォール・オーバーヘッド・リーチでも重要な部位をチェックしていきます。再度肩の可動域をチェックし、骨盤のコントロール能力、胸部をどれだけうまく伸展させられるかを確認するのがこのテストです。肩、腰部、胸部はバイク上で力強い姿勢を保つために欠かせない部位であり、胸椎をしっかり伸ばすことは、ヒップヒンジやスクワットなどのエクササイズを効果的に行うための鍵を握ります。身体の複数の部位が連携し、互いに依存しながら複雑な動きを可能にしていることは、このテストを実際にやってみるとよくわかるでしょう。パズルの一部が欠ければ、自由度が不足し、動きが損なわれてしまうのです。それが単純なショルダープレスであれ、スナッチなどの高度なオリンピック種目であれ、ウエイトを頭上に挙げるあらゆる動作では、肩の広い可動域が必要になります。

全ての箇所で離れないようにすること。特に腰が壁から離れないよう注意する

生まれか育ちか

スポーツにおけるパフォーマンスのほとんどの側面がそうであるように、私たちの動作能力も遺伝やライフスタイルといった要素の組み合わせで決まります。金メダリストは生まれながらに金メダリストなのだという主張には重みがあるものの、その金メダリストは表彰台に上るまでの間に、厳しい練習を重ねて資質以外にも多くを手に入れてきたはずです。不利な遺伝的性質を変えることはできませんが、両親から配られたカードのまま善戦する方法は数多くあります。ベン・スウィフトがオフバイクトレーニングに励み、レジリエンス、たくましさ、パフォーマンスの改善を図っていることはすでに紹介しました。本書の共著者であるマーティン・エヴァンスには、カム型インピンジメントと呼ばれる股関節の障害があります。球状の大腿骨頭が完全に丸まっていないため、ソケット内でうまく動かなくなるという障害です。しかし、マーティンは股関節周辺のストレングストレーニングとモビライゼーションに励んだため、今ではほとんどのエクササイ

ズを安全に行えるようになりました。ベンやマーティンとは対照的に、天性の動作能力を備えた幸運な人々もいます。その見事な例がグレート・ブリテン・サイクリング・チームのジェイソン・ケニーで、彼は遺伝により、信じられないほど恵まれた動作能力を授けられました。とはいえ、そうした素晴らしい遺伝的性質は、失われるのもまた非常に簡単です。座ったまま前傾姿勢で過ごす時間（自転車に乗っている時間も含む）が長い現代生活を送っていると、その人がどれだけ遺伝的に恵まれていたとしても、せっかくの資質を損なってしまうことがあります。それに人間は誰しも、長所と短所を公平に与えられているものです。例えば、背中が比較的長く脚が短い人は、空気抵抗が極端に少ない姿勢をつくれるため、タイムトライアルでは有利になります。ただしこのタイプには、脊柱の長さが原因で腰を痛めやすいという欠点もあります。ですから、こうした体型の人はスクワットなどのエクササイズを真剣に行い、コントロール能力を向上させなければなりません。

- 壁に背を向けて立ち、両足を肩幅ほどに開いて、かかとを壁に近づけます。自分に合った距離を探しましょう。
- 後ろにもたれかかり、臀部、腰、肩甲骨、後頭部で壁に触れます。
- 腕を回し、親指を前に向かせます。
- 腕をまっすぐ伸ばし、親指を立てた状態で、ゆっくり頭上に上げていきます。すべての接触を保つよう意識しましょう。
- 頭上の壁に親指でタッチできたら、腕を下げます。

⚠ **不合格ライン：**

- 親指で壁にタッチできなかったとき。
- 腕が曲がったとき。
- 手の位置が変わったとき。
- 後背部など、接触点が1つでも失われたとき。
- テスト中または終了後に痛みまたはけいれんが起きたとき。
- 身体の左右で差が出たとき。

サポートを利用しない状態でのコントロール能力：プレスアップ

合格：プレスアップができる
不合格：プレスアップができない、またはいずれかの不合格ラインに達したとき

　サーキットまたはブートキャンプ形式のワークアウト教室に参加すれば、あなたはほぼ確実にどこかの時点で、プレスアップを行うことになるでしょう。だ

があいにく、インストラクターや他の参加者から「もう1回」と鼓舞されるような教室では、誤ったプレスアップが指導されていると考えて間違いありません。適切に行われるプレスアップは、上半身の可動域を広げて安定させる、素晴らしいエクササイズです。これはベンチプレスやディップなど、より高度なプレス動作の準備にもなります。上半身の筋力は自転車競技にそれほど多くは必要ないとはいえ、向上することでダンシングでの長い登りや熾烈なスプリントがいくらか有利になるでしょう。同時に、日常生活でのレジリエンスも高めてくれます。

肘と手が直線上に並んでいない

手が外転している
（指がまっすぐ前方
を向いていない）

簡易版プレスアップ

　サイクリストの中にはプレスアップの姿勢まではつくることができても、上半身の筋力不足により動作を完了できない人がいるかもしれません。アセスメントでは筋力そのものを評価することが主眼ではないので、苦手な人は簡易版を利用してもよいでしょう。プレスアップができない場合、よく推奨される解決策の1つは膝をつくことですが、これは多くの理由から言って望ましいとは言えません。膝をつく手法の問題点の1つは身体全体が後ろへ移動し、肩が手の位置より後ろにずれ、肩に負担がかかることです。2つ目に、全身を同時に安定させるパターンをうまく身につけることが難しくなります。そして3つ目に先を見据えた簡易化というより、一時的な「チーティング」のテクニックであるということです。そこで私たちは本当の解決策として、ベンチまたはステップを使って、手の位置を上げるよう勧めます。そうすれば押し上げる重量を効果的に減らしながら、可動域全体を使ったトレーニングを実施できます。

■ 両手を肩幅に広げ、指をまっすぐ前に向けてひざまずきます。
■ 膝を床から離し、足と膝を揃えて、臀部を強く引き締めます。手の真上に肩があるかどうかを確認しましょう。
■ 肘を曲げて体勢を低くしていきます。前腕を垂直にしたまま、肘は手首のラインと揃えましょう。肘が広がったり、肩甲骨がくっついたりしないよう注意します。
■ 臀部と胃のあたりを引き締めて、全身を引き締めるようにイメージします。肩の後ろからかかとまで、曲がったりたわんだりせず、直線をつくります。
■ 床から拳1つ分の位置まで胸部が下がれば、体勢を十分低くできたことになります。
■ フォームと位置を保ちながら、最初の姿勢に戻ります。

⚠ **不合格ライン：**
■ プレスアップができなかったとき。
■ 体勢を十分低くできなかったとき。
■ 肘と手が直線上に並ばなかったとき。
■ 手が外転した（指がまっすぐ前方を向かなかった）とき。
■ 背中が曲がったり、たわんだりしたとき。

背中が曲がる、あるいはたわんでいる

簡易版プレスアップ

サポートを利用しない状態でのコントロール能力（オプション）：インバーテッド・ロー

合格：インバーテッド・ローができる
不合格：インバーテッド・ローに失敗した、あるいはいずれかの不合格ラインに達したとき

　必要なリングやサスペンショントレーニングシステムを所持しているとは限らないので、このテストはオプションです。インバーテッド・ローは、実質的にはプレスアップの逆の動作にあたります。動作としては非常によく似ていますが、インバーテッド・ローは押すのではなく、引くのが特徴です。ダンシングで坂を登るときやスプリントしているとき、上半身の両側は交互に効果的な押し引きを繰り返しています。サイクリングやデスクワークによって前傾姿勢になる時間が長い私たちにとっては、プル動作で上背筋を強化し、肩関節の連携を良好に保つことが不可欠です。

■ リングの高さはあなたの筋力/技術に応じて設定します。身体が床に対して平行に近づくほど、難易度は高くなります。
■ リングは肩幅くらいに離し、手のひらを内側に向けて握ります。
■ かかとを床につけた状態で、「プレスアップの逆」の姿勢をつくります。あとはすべてプレスアップと同様に、肩、肘、手首を一直線に揃え、臀部を引き締め、肩の後ろからかかとまでをまっすぐ伸ばします。
■ 肘と手首を一直線に保ったまま、背中が曲がったりたわんだりしないよう注意しながら、胸を手の方向に引きつけます。同時に肩をすくめてしまわないように注意します。
■ 手首が胸の上部と同じ高さになれば、可動域は十分

と言えるでしょう。
■ しっかりとフォームとポジションを保ちつつ、コントロールを効かせて最初の位置まで下げます。

⚠ **不合格ライン：**
■ 動作に失敗したとき。
■ 範囲いっぱいに動かせなかったとき。
■ 肘と手を一直線に保てなかったとき。
■ 背中が曲がったりたわんだりしたとき。

背中が曲がっている

本章のまとめ

アセスメントを行わない限り問題は見つからない　自転車トレーニングマニュアルの大半で、画一的なストレングス＆コンディショニングのエクササイズを提案するのみに留まっており、読者それぞれのニーズを考慮していないのが現状です。その結果、サイクリストは不必要で効果のないエクササイズに時間を浪費しがちになります。そればかりか、現状のフィットネスや動作能力に見合っていないエクササイズに取り組むと、怪我をするおそれもあります。

アセスメントをトレーニングの一環とみなす　多くのサイクリスト、特にストレングストレーニングの経験者にとっては、すぐにでもジムへ直行し、これまで同様10回3セットのレッグプレスやバーベルスクワットを始めたいというのが本音でしょう。アセスメントの結果次第でトレーニングが制限されることを、あなたは無意味で面倒だと考えているかもしれません。しかし実際には、アセスメントとそれに対応するエクササイズはどんなライダーにも大きな恩恵を与えてくれるはずです。アクティブ・ストレート・レッグ・レイズの評価から始まるあなただけの旅は、レジリエンスと自転車のパフォーマンス向上を目指して続いていきます。

「失敗」は失敗ではない　本書の執筆にあたって、私たちはアセスメントの不合格ラインをどう説明すべきか慎重に検討しました。「失敗」という言葉では、否定的なニュアンスが強すぎるのではないかと案じたのです。たとえ一流クラスでも、すべてのテストに滞りなく合格できるサイクリストはごくわずかしかいません。前述のとおり、金メダリストでさえ毎日特定のエクササイズに励み、それを完了した上で特定のトレーニングに進んでいます。どこかのテストに合格できなかったとしても、それは強化が必要な部位を示しているにすぎません。その部位に働きかければ、大きな改善が期待できます。

仲間を見つける　評価テストの大半はひとりでも行えますが、仲間を誘えばより理想的でしょう。仲間がいればエクササイズの様子を撮影してもらえますし、その動画を見れば、ごく簡単にかつ客観的に評価を下せるからです。意図的かそうでないかを問わず、チーティングを予防する効果もあります。共同作業を通して、モチベーションが高まるのも利点です。

繰り返し評価する　アセスメントは1回限りではなく、サイクリストが成長と前進を続ける過程で、定期的に見直さなければなりません。シーズン終盤、オフバイクコンディショニングをそれほど重視していない場合は特に、自分の身体を動かすパフォーマンスがいくらか低下したと感じることがあると思います。もしくはたった1度の激しい走行、たった1日のきつい庭仕事で、パフォーマンスが簡単に悪影響を受けることもあります。そんなときに再度テストをして身体の状態を評価すれば、その時点で最適なトレーニングを見極められるのです。

　アセスメントは、活用できる最も強力で効果的なトレーニングツールです。このツールがあれば誰でも自分の身体を俯瞰でき、現在の状態や、取り組むべきトレーニングを（そしてもっと重要な、避けるべきトレーニングを）知ることができます。

◀アセスメントはオフバイクトレーニングの基本であり、誰もが定期的に実施する必要がある。

ROM CORRECTIVE EXERCISES

可動域改善エクササイズ

アセスメントを終えると、身体のどの部位を強化すべきかが見えてきます。どこかでテストにつまずいても、これから紹介するいくつかのエクササイズに取り組めば、気になる問題を修正できるはずです。

　エクササイズは難易度の低いものから順番に並べてあります。とはいえ、問題の原因そのものはライダーによって大きく異なるので、どのエクササイズをどの順番で行うのがベストか把握するまでは、試行錯誤が必要でしょう。トップレベルのサイクリストと働いた経験から、彼らによくある問題をもとに、本書でのエクササイズの順序を決定しました。

　これから鍛えていく身体の部位は、どこも極めて複雑で、その周辺には筋肉などの組織が多く付着しています。各部位は連携して影響を与え合っているので、問題の解決には時間がかかりますし、万人に有効な「魔法のエクササイズ」なども存在しません。提示されたエクササイズを順番にこなし、同じ場所を繰り返しテストしながら、自分に最も効果的な方法を探しましょう。アセスメントに合格したら、次のレベルに進んで構いません。セッション1つを集中的に行って合格できる場合もありますが、その人の問題や能力によっては、複数のセッションをしばらく続けることが必要になるでしょう。

　アセスメントと改善のためのエクササイズを念入りに行うと、あなた個人の問題や、その解決に最も効果的なエクササイズがすぐ判別できるようになります。エクササイズの選び方については、アセスメントが向上したかどうかという目に見える基準で決めてもいいですし、自分に合っているかどうかという感覚で決めても構いません。中心となるエクササイズを決めたら、あとはあなたのニーズや使える時間に合わせてルーティンを作成しましょう。時間が足りない人、簡単なメニューを1日1回から数回だけこなしたい人、自転車に乗る前後の時間を利用したいという人は、重要なエクササイズに集中します。逆に時間に余裕がある人や、自転車を使わないセッションを積極的に取り入れたいという人は、エクササイズの数をもっと増やしましょう。

　改善エクササイズは、ツールアシステッド・セルフ・マニュアル・セラピー（TASMT）とストレッチという2つの部分から成り立っています。

▶フォームローラーは、オフバイクトレーニングを行う上での大きな武器になる。

1 ツールアシステッド・セルフ・マニュアル・セラピー（TASMT）

TASMTでは、フォームローラー、トリガーポイントボール、またはピーナッツ（トリガーポイントボールを2つ結合させたもの）などの道具を使い、張りのある場所や動かしづらい場所に圧をかけていきます。

TASMTの全般的なガイドライン

1　筋肉の中で張りがある、あるいは動かしづらい場所を探し、その箇所を時間をかけて集中的にほぐしましょう。やみくもにローラーを往復させるだけでは意味がありません。

2　動かしづらい場所をほぐすときは、時々振動を加え、深呼吸をしましょう。

3　特定の筋群に集中する場合は、最低でも2分間続けましょう。

4　基本は1日に1回ですが、1日に複数回行うとさらに理想的です。短時間でも、頻繁に繰り返すことで最も高い効果が生まれます。

5　1日のどの時間帯に行っても構いません。

a)　レースに向けた長時間の練習でハムストリングスに違和感が生じたときなど、特定の部位に張りや動かしづらさを感じたときには、ワークアウト前が特に有効です。柔軟性を劇的に高めてくれることも証明されています。ただし長時間、深くマッサージを行うのは避けてください。

b)　ワークアウト後での実施には、遅発性筋肉痛（DOMS）を軽減させる効果があると実証されています。

TASMTエクササイズは、まず本書の順番どおりにやってみることをお勧めします。説明に従ってエクササイズに取り組んだら、再びアセスメントを実施して、効果が現れたかどうか確認しましょう。ステージ1としてTASMTエクササイズを行い、ステージ2としてストレッチ動作に進み、同じプロセスを繰り返します。

◀フォームローラー、トリガーポイントボール、ピーナッツ。

筋膜リリースについての議論

一流アスリートのバッグの中には、必ずといっていいほどフォームローラーが入っています。にもかかわらず、その有効性については、意見が大きく分かれているのが現状です。私たちの全身の筋肉は、クモの巣状の白い結合組織、つまり筋膜に覆われています。すべての筋膜はつながっており、スキンスーツのように筋肉を包み込んでいるのです。健康な状態の筋膜は柔らかく、自由に動きます。しかし、私たちが運動したり、負荷をかけたり、怪我をしたりするうちに、筋膜の柔軟性は失われ、硬くなっていきます。筋膜リリースは、その名のとおり、筋膜を解放して健康かつしなやかに保つための技術で、フォームローラーやトリガーポイントボールなどを使用して行います。筋膜リリースが最もよく行われる部位としては、腸脛靭帯（ITB）が有名です。外腿に付着し絡み合った筋肉をほぐしつつ、股関節から膝まで下りていくというエクササイズを、本書でも「スマッシュ」エクササイズとして何種類か紹介しています。

筋膜リリースに懐疑的な人々は、ITBが不活発な腱（筋膜）であることを理由に挙げ、その上からローリングをしても物理的効果や治療効果は期待できないと述べます。一方で筋膜リリースの推進派は、筋膜が多層構造になっていることを強調し、全身に張り巡らされたこの組織こそが何よりも重要なのだと主張します。私たちの人生における多くの物事と同様、真実はこれらの両極端の主張の中間にあるのではないでしょうか。全身に存在する筋膜は、間違いなく重要な組織です。しかし、関連文献を調べつくしたところで本書の単語数が倍になるだけで、読者のパフォーマンス向上には何の手助けにもなりません。多くの研究結果や文献を参照すれば、筋膜リリースについての議論はどこまでも深められます。ただし、肯定派と否定派の主張が絶えず変化しながら二極化している点については、注意が必要です。

スポーツ医学やトレーニングに20年以上携わってきた私たちから見て、フォームローリングに代表される筋膜リリースの効果は非常に高いと言えます。医学的介入やトレーニング、栄養といった多くの分野と同じく、反応に個人差があることは確かでしょう。しかしながら、私たちが担当したアスリートは、筋膜リリースに対して驚くほどポジティブな反応を示しました。

筋膜リリースの有効性をはっきり裏付けることは難しいですが、そこには筋膜の操作、痛みの緩和、筋肉の解放といった複合的な要因があると考えられます。筋膜の操作という点で言えば、フォームローラーでITBをほぐすと組織の水分量が変化するため、必然的に筋膜の機能が最適化されるようです。ローリングには痛みを伴うことが多いため、痛みを感じるレベルも総体的に変わっていきます。ITBに収縮要素が存在するかどうかは議論が多く、筋肉がリリースされる仕組みはあまり明確にはなっていません。ただし、筋膜は多くの筋肉と結合しており、そうした筋肉の一部はフォームローリングによって連鎖的な影響を受けることになります。

結果的に私たちがアスリートをサポートする上でも、フォームローリングなどの筋膜リリース技術は大いに役立ちました。その仕組みや理由は完全に解明されたわけではありませんが、軟組織をほぐして解放するためのセルフマッサージやセラピーとしてこれほど効果的なものはなく、行っても有害でないことは確かです。筋膜リリースに関する激しい論争は、今後も間違いなく続くでしょう。ですが私たちは、自転車を使わないコンディショニングのルーティンにこの技術を取り入れることを、自信をもってお勧めします。

2 ストレッチ

　ストレッチでは、筋肉の可動域を快適なレベルまで改善することを目指します。ツールアシステッド・セルフ・マニュアル・セラピー（TASMT）と並び、本書の向上エクササイズの基本となるのがこのストレッチです。サイクリストは漠然とした理解のもと、たまに形だけのストレッチをすることが多いのではないでしょうか。しかし効果を引き出すためには、正しい方法で集中的に行わなければなりません。

ストレッチの全般的なガイドライン

1　筋肉の中で張りがある、あるいは動かしづらい場所を探してストレッチしましょう。その際、受動的なストレッチに偏らないよう注意してください（70〜71ページのボックスを参照）。

2　張りのある場所や動かしづらい場所をストレッチするときは、強度を上げたり下げたりして調節します。ストレッチ中は忘れずに深呼吸をしましょう。

3　一定のリズムで深呼吸できないのは、ストレッチが強すぎるというサインです。その場合は強度をいくらか落とし、呼吸のリズムを立て直してから、ストレッチを再開しましょう。

4　各部位に対して最低2分ずつ行いましょう。

5　基本は1日に1回ですが、1日に複数回行うとさらに理想的です。これまでは運動後に筋肉が温まった状態でストレッチをするよう推奨されていましたが、実際はいつ行っても効果があります。座ってテレビを見ているときにもやってみましょう。

6　一部のストレッチはバンド付きで行うこともできます。ゴム製のレジスタンスバンドを使うと関節の位置をうまく保てるため効果が高まります。

7　ワークアウト前や競技前にストレッチをするときは、なるべく短時間、具体的には45秒以内にとどめましょう。長時間ストレッチを行うと、筋力とパワーが急激に落ち込むことがわかっています。

▶自転車選手は走行後の水分補給や回復に熱心な一方、正しいストレッチを後回しにしがちである。

ストレッチは「ストレッチ」にあらず

ストレッチの定義を調べると、「物体に力を加えて長くすること」という記述が見つかります。ただし、筋肉の「ストレッチ」という行為に当てはめると、これはあまり正しい記述とは言えません。その物理的構造や、起点と挿入点が固定されているという条件から考えても、筋肉が目に見えて長くなるはずはないですし、それが身体にとって効果的である理由も説明がつかないからです。筋肉が「タイト」になるという表現も、物理的に短くなったわけではなく、さまざまな理由で筋肉の動きが悪くなり、可動域が狭まったことを示しています。タイトなハムストリングスをもつアスリートがアクティブ・

ストレート・レッグ・レイズに挑戦すると、脚の痛みから、十分な可動域に達することができません。しかし、麻酔を打たれた状態で再挑戦すると、そのアスリートは可動域いっぱいに脚を上げられるようになります。これは誰にでも言えることですが、腕を骨折し、曲げたまま1か月間固定されると、ギプスが外れてもその腕をまっすぐ伸ばすのは難しいものです。なぜなら、固定されている腕は可動域いっぱいに動かすことなどできず、ギプスが外れたときに初めて上腕二頭筋が「ストレッチ」されるからです。固定されている間に筋肉が短くなるわけではありませんが、十分な可動域を取り戻すには、ここまで動けるのだという範囲を再び腕に教える必要があります。筋肉は直近の可動域を記憶しているため、その範囲を超えて動かそうとすると抵抗し、不快感や痛みという形で警告を発するのです。

集中的なストレッチに取り組む際、筋肉が長くならないのであれば、可動域が広がったことをどのように判断すればいいのでしょうか。現在主流になっているのは、ストレッチをする人の感覚や、その感覚の変わり方を一番の基準にすべきだという考え方です。筋肉を継続的に動かし、動かせる限界を少しずつ超えていくと、感覚のエンドポイントは増えていきます。すると次第に、可動域も広がっていくというわけです。

本書ではいくつかのエクササイズを「ストレッチ」として紹介しています。しかし前述した概念に照らせば、私たちのやっていることは間違いなく不正確ですし、言葉を単純化しすぎているとも言えます。ストレッチについては、主に3つの種類を覚えて

◀自転車に乗る前後にやみくもなストレッチをしても、何らかの効果を得られる可能性は低く、パフォーマンスに悪影響を及ぼすこともある。

おくと役に立つでしょう。まず1つ目に、「バリスティック」ストレッチがあります。この素早い動きは、特定の活動やスポーツの前に取り入れられることが多く、アスリートの可動域を劇的に拡大させます。ラグビーのスクラムハーフに見られるランジの動きがその例ですが、このタイプのストレッチは、あまりサイクリスト向けではありません。2つ目は、「受動的」ストレッチです。このストレッチは、筋肉を身体の別の部分か、何らかの道具か、パートナーに支えられた状態で行います。脚をテーブルの上に置いてハムストリングを伸ばす、などの動作がこれに含まれます。本書が提案するストレッチのほと

んどは、3つ目の「能動的」ストレッチに該当します。これは、主動筋と拮抗筋が対で機能するという筋群の仕組みを利用し、一方を能動的に収縮させてもう一方を伸張させるというストレッチです。能動的ストレッチの代表例は、リア・フット・エレベーテッド・スクワットやブルガリアン・スクワットです。これらのスクワットでは、臀部を引き締めることで股関節が伸び、同時に大腿四頭筋もストレッチされます。

「能動的」ストレッチ：
リア・フット・エレベーテッド・
スクワット

「受動的」な
クアド・ストレッチ

股関節、腰椎、骨盤、脚

ROM:
アクティブ・ストレート・レッグ・レイズ (ASLR) の改善

ツール
アシステッド・
セルフ・マニュアル・
セラピー
(TASMT)

◢ クアド・スマッシュ・ウィズ・フォームローラー

　自転車競技では大腿四頭筋の働きが大いに必要になりますが、長時間のデスクワークやドライブによって、私たちはこれらの筋肉に大きな負担をかけていることも確かです。サイクリストがASLRを苦手にしている場合は、大腿四頭筋の筋群に問題がある可能性が最も高いでしょう。

- フォームローラーの上でプランクの姿勢になり、肘、前腕、つま先で体重を支えます。
- 大腿の中間にローラーをあて、体重の大部分をローラーに乗せます。

- 身体を片側に回転させ、ほぐすほうの脚に体重をかけます。
- ほぐす脚の膝は曲げましょう。ローラーをゆっくり往復させ、身体をさらに回転させながら大腿外側全体をチェックし、張っている場所を探します。
- 張っている場所を見つけたら、約30〜45秒間、または筋肉の解放を感じるまで繰り返し振動させます。
- 張っている場所が他にも見つかった場合は、このプロセスを繰り返します。片側の大腿を全体的にチェックしたら、もう一方の脚に移りましょう。
- このエクササイズを通して、たいていの人は、大腿外側を集中的にほぐす必要性に気づくはずです。

ハムストリング・スマッシュ・ウィズ・フォームローラー

　自転車競技者のハムストリングスには、張りが出る、動かしづらいといった問題がよく見られます。局所的な活動であるサイクリングでは、動作のパターンが固定されており、ペダルを一番下まで踏み込んでも膝が35度以上に曲がることはめったにない、というのがその理由でしょう。先ほど説明したように、筋肉は日頃からめいっぱい動かしておかないと、次第に可動域を失っていきます（ハムストリングスの場合は、脚をまっすぐ伸ばせなくなります）。ハムストリングスが張っていると、サイクリングへの悪影響が出るばかりでなく、自転車に乗っていないときも脚をしっかり伸ばせなくなるおそれがあります。場合によっては腰痛の原因になったり、骨盤を前傾させづらいといった問題も出てくるでしょう。後者の問題がある人は、後背部と脊柱で身体を曲げなければならず、結果的にエアロポジションがとりづらくなります。これはとりわけ、タイムトライアルやトライアスロンの選手に関係が深い問題です。

■ 座った状態で始めます。両手を肩の真下につき、膝の裏側にローラーをあてます。

■ ほぐさないほうの脚の膝を曲げ、ローラーに乗せている脚に体重の大部分をかけます。

■ 大腿の中間までローラーを往復させ、張りのある場所を探します。足を外転させて大腿外側を集中的にほぐし、次に内転させて内腿をほぐします。

■ 張っている場所を見つけたら、約30〜45秒間、または筋肉の解放を感じるまで繰り返し振動させます。

■ 最初の姿勢に戻り、ローラーを大腿の中間にあてます。ここで上記のプロセスを繰り返しますが、今度はハムストリングスの上半分から臀部までをほぐしましょう。

■ 脚を交代して、全体のプロセスを繰り返します。

■ このエクササイズを通して、たいていの人は、大腿外側を集中的にほぐす必要性に気づくはずです。

ツール
アシステッド・
セルフ・マニュアル・
セラピー
（TASMT）

グルート・スマッシュ・ウィズ・フォームローラー

　サイクリストがASLRを成功させるには、大腿四頭筋やハムストリングスのほか、臀筋群の動きも重要です。臀部全体を構成するこの筋群は、全身でもとりわけ大きな力を発揮します。ランニングやサイクリングなどの主要な活動では、臀筋が股関節を伸ばすことにより、パワーと推進力を生み出しているのです。したがって臀筋の可動域が狭くなると、このパワーが部分的に失われるだけでなく、股関節で骨盤を回転させる能力も損なわれます。そうなれば当然、ASLRには合格できないでしょうし、前述した理由からエアロポジションもとりづらくなります。

■ フォームローラーの上に座って脚を曲げ、両手を肩の真下に置きます。
■ ほぐしたい臀部の側に身体を回転させます。反対側の脚を大腿に交差させて、動きの強度を高めます。
■ 身体の回転具合を変えながらローラーを往復させ、臀部をチェックして、硬さがあったり、動きの悪い場所を探します。
■ 張っている場所を見つけたら、約30〜45秒間、または筋肉の解放を感じるまで繰り返し振動させます。
■ もう片側の臀部でも繰り返します。
■ トリガーポイントボールを使うと、このエクササイズをより強く、集中的に行うことができます。

ツール
アシステッド・
セルフ・マニュアル・
セラピー
（TASMT）

フォームローラー

トリガーポイントボール

アンテリア・サイ・オープナー

ストレッチ

　ここで、前大腿部の筋肉である大腿四頭筋のエクササイズに戻りましょう。アンテリア・サイ・オープナーは、あらゆるサイクリストに必須のストレッチです。表向きは受動的なストレッチですが、このエクササイズで体重を移動させながら張りのある場所を見つけると、予想以上の効果が得られます。1つ目の姿勢で身体がリラックスしたら、少し動きを変え、必要に応じていずれかのより高度なオプションを試しましょう。

- ひざまずいた姿勢から右足を踏み出し、ランジの姿勢をつくります。より快適に行うため、左膝の下にタオルやマットを敷いても構いません。
- 右膝と右足首が一直線になり、背筋が伸び、重心が左膝にあることを確認します。
- 背中を曲げずに胴体の筋肉を収縮させ、臀部を引き締めて前傾します。右脚を大きく曲げ、左股関節と大腿をストレッチしましょう。
- 足をもっと前に踏み出すか、あるいはステップやボックスを使って後ろ足を上げると、ストレッチが強化されます。
- 脚を交代して繰り返します。
- 1分経過したのちにバンドを使ってさらに負荷をかけていくオプションにも挑戦してみましょう。

後ろ足を上げる

バンドを巻く

ポステリア・サイ・オープナー

ストレッチ

ハムストリングを対象とした多種多様なストレッチの中でも、このエクササイズはとりわけ効果的です。先ほども言ったとおり、静的なストレッチだけを続けても意味がありません。その点、ポステリア・サイ・オープナーは動的なエクササイズであり、脚を曲げ伸ばしすることで、負荷をかけたり緩めたりします。

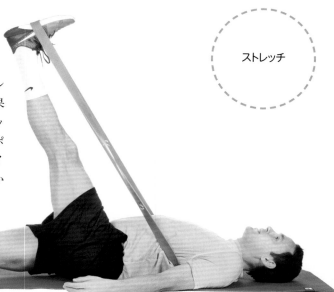

- 仰向けになり、バンドを左足に引っかけます。
- 左膝を胸のほうに曲げます。
- 膝をまっすぐ伸ばして、ハムストリングに張力をかけていきます。脚を曲げ伸ばししながら強度を高めていきましょう。
- 脚を交代して繰り返します。
- このストレッチには、バンドを追加して行う以下のようなオプションもあります。

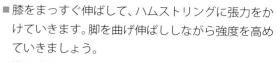

グルート・ストレッチ

これは臀部の素晴らしいストレッチであり、テレビの前で行うのにぴったりです。まずは四つん這いの体勢をつくり、膝が両手の間にくるように右脚を曲げます。その際、膝の角度は90度に保ちましょう。

- 膝を下に向けながら左脚を後ろに伸ばし、膝とつま先を床につけます。
- 骨盤がまっすぐ水平になることを意識し、深くストレッチします。へその位置は、左大腿の内側の延長上にあるのが理想的です。
- 胸を張り、ストレッチしながら呼吸します。
- 胸を下げていきます。身体を回転させたり優しく前後に揺すったりしながら、制限のある場所を探しましょう。
- 脚を交代して、もう片側の臀部をストレッチします。
- 股関節をまっすぐにするのが難しいときは、下にブロックを置いてみましょう。
- このストレッチは、バンドを使用して行うこともできます。

股関節の下に
ブロックを置く

バンドを巻く

ROM：ニー・トゥー・ウォールの改善

プランター・ファシア・スマッシュ

　足底筋膜は、足や足首を構成する数多くの複雑な筋肉とつながっており、硬くなりやすいのが特徴です。ここが硬くなると周辺の筋肉も動きが悪くなり、その範囲に痛みや炎症が起きて、下半身全体に連鎖的な影響を及ぼします。

■ 素足で立ち、足の裏でゴルフボールなどを転がします。できるだけボールに圧力をかけましょう。
■ 張りや痛みのある場所を探し、見つかったら約30〜45秒間、または筋肉の解放を感じるまで繰り返し振動させます。
■ 足を交代して繰り返します。
■ ゴルフボールを転がすとき、圧が強すぎると感じる人もいるかもしれません。その場合は椅子に腰掛けた状態で行い、ボールにかかる重さをあなたが扱えるレベルまで引き下げましょう。

カーフ・スマッシュ

　ニー・トゥー・ウォールに合格できない人は、後ろ脚の裏側の筋肉の動きが悪いことがほとんどです。腓腹筋（ふくらはぎ上部にある大きめの筋肉）とヒラメ筋（腓腹筋の奥から下に伸びる筋肉）をどちらも解放すると、正常な可動域を取り戻せるでしょう。

■ 座った状態で、ふくらはぎの中央にフォームローラーをあてます。
■ 肩の真下に両手をついて体重を支え、臀部を持ち上げます。
■ 足首を交差させ、片側のふくらはぎに集中的に圧をかけます。
■ ローラーを往復させながらふくらはぎ全体を調べ、張りや痛みがある場所を探します。見つけたら、約30〜45秒間、または筋肉の解放を感じるまで繰り返し振動させます。
■ 脚を交代し、もう片側のふくらはぎをほぐします。
■ 円を描くように足首を回すと、ふくらはぎの別の場所もほぐすことができます。
■ フォームローラーの圧が十分でないと感じるときは、トリガーポイントボールなども試してみましょう。

ストレッチ

アンクル・ドルシフレクション・オープナー

　このエクササイズを行うと、足首の周囲にある筋肉のストレッチ耐性が変化し、より広い範囲を動かせるようになります。

- まずは壁に向かって立ちます。身体を支えながらコントロールするため、両手を開いて肩の高さで壁につけます。両足は壁から 30〜45 cm 離しましょう。
- 右足を踏み出します。かかとはできるだけ壁の底に近づけ、右足のつま先を壁に当てます。
- 左足のつま先で伸び上がり、上方や前方に身体を揺らして、右脚のふくらはぎをストレッチします。
- 前後に体重を移動させながら、ふくらはぎのどこが張っているかを調べ、その部分をほぐします。
- 足を交代し、今度は左ふくらはぎをストレッチします。
- オプションとして、いろいろな位置にバンドを巻くと、このストレッチをするのが簡単になります。

バンドを巻く

ソラシック・スピン

ROM:
シッティング・ローテーションの改善

ソラシック・スピン・エクステンション・スマッシュ

胸椎では、伸展と回旋が極めて密接に関わり合っています。つまり、どちらか一方だけでは機能しないということです。このエクササイズが目指すのは胸椎の伸展の仕方を最適化させることですが、同時に回旋の能力も大きく高めてくれるでしょう。サイクリングやデスクワークに1日を費やした後、フォームローラーあるいは（大きなローラーが使いこなせない場合は）ピーナッツの上で伸展すると、心地よい解放感が得られるはずです。

■ 腹筋運動をするときのような姿勢をとり、フォームローラーまたはピーナッツの上に背中の後ろ、胸郭の部分が当たるように乗ります。

■ 両腕を身体に回し、肩をよく前に引きます。
■ ローラーの上で背中を伸展します。
■ 変化を感じられるまで、しばらく同じ姿勢を保ちます。
■ 腹筋運動の姿勢で、腕を身体に回したまま身体をやや戻します。臀部を足のほうに動かすと、ローラーの位置を背中の上にずらすことができます。
■ ローラーの上でまた進展させながら、そのまま首の付け根までほぐしていきます。
■ 臀筋を引き締めて臀部を押し上げると、伸展の度合いとエクササイズの強度が高まります。

サイドトゥサイド・スマッシュ・アンド・ロール

左ページで紹介した上下の伸展エクササイズに反応しない場所があったり、期待どおりの効果が得られなかったりした場合は、このバリエーションで左右に動いてみましょう。

ツール
アシステッド・
セルフ・マニュアル・
セラピー
(TASMT)

- ■ソラシック・スピン・エクステンション・スマッシュと同じ姿勢をつくります。
- ■ただし、フォームローラーの上で伸展するのではなく、左右に身体を回旋させます。腕は身体に回して上背部の緊張を保ちます。
- ■最大限回旋させましょう
- ■背骨周りもほぐします。
- ■身体の片側または一部の張りが特に強い場合は、その場所を固定して、ローラーを往復させます。
- ■今回もローラーを片側に寄せているときに、その上で身体を伸ばしてみましょう
- ■このエクササイズでは、身体を動かしながら硬さや動きの悪い箇所を見つけることがすべてです。ルールにとらわれず、問題のある場所を積極的に探しましょう。

ラッツ・トリガーボール・リリース

　このエクササイズを行うと、上半身全体で評価が向上しますが、まずは広背筋の動きを良くすることから始めましょう。広背筋（ラッツ）は、全身にある筋肉のうち、単体で最も大きい筋肉です。脊柱と交わるように伸びているため、肩だけでなく脊柱の安定においても重要な役割を果たします。問題が起こりやすい部位でもありますが、それはこの大きな筋肉が、衰えたり弱ったりした他の筋肉の代役として使われるためです。脊柱を回旋させたり、頭上に手を上げたりといった多くの動作を行う上で、広背筋には十分な長さと筋力が保たれなくてはなりません。

ツール
アシステッド・
セルフ・マニュアル・
セラピー
（TASMT）

■ マットに横たわり、片手を頭の上に伸ばします。
■ 脇の下の、広背筋と回旋筋腱板が交わる場所の近くにトリガーポイントボールを置きます。
■ その上で転がり、ボールに体重をかけます。
■ ボールにかける体重を増やし、範囲を移動させながら、硬さがあったり動きの悪い箇所を探します。
■ このエクササイズは、フォームローラーを使用して行うこともできます。

ボールを置く

リカンベント・ニーリング・ラット・ストレッチ

ストレッチ

広背筋はとにかく大きく、この筋肉の動作が悪くなると、自転車に乗っているいないにかかわらず、悪い影響を身体に与えがちです。この筋群は肩の可動性や脊柱にも影響を与え、自転車の上で優れたエアロポジションをとるために欠かせません。また、ジムで行うエクササイズの多くでも、広背筋の動きは良好なフォームをつくる鍵になります。

- ひざまずいて両手を前に伸ばし、肩幅ほど離してマットの上に置きます。
- 片方の手を、もう片方の手に重ねます。
- かかとのほうを見ながら、ゆっくり沈み込みます。両手の位置を保つよう注意しましょう。
- 後方に体重を移動させながら、ストレッチの感覚が高まるのを感じられるようにします。身体の片側がもう片側より強くストレッチされていると感じられるはずです。
- 重ねた手を逆にして繰り返します。
- 下側の手のほうから側屈するか、ベンチやスイスボールを使って手を上げると、より高度なストレッチになります。

シーテッド・スピナル・ローテーション

　胸部回旋の度合いをチェックすると、伸展させる能力もよくわかります。後者のアセスメントは難しいのですが、回旋が良好であれば、伸展も良好だと考えてほぼ間違いありません。上半身と下半身を実質的につないでいるのは胸部ですが、そのことから言っても、動作を円滑に行うには胸部の回旋と伸展が重要です。胸部の動きに問題があると、上下の関節に大きな負荷がかかり、過負荷による故障が起きやすくなります。例えば、胸椎がこわばって腰椎に負担がかかると、結果として腰痛が起きやすくなるのです。胸椎の動かしやすさと自由度は、それ以外の関節に余計な負担をかけない姿勢で自転車に乗るという意味でも重要です。

■ 両脚を投げ出して座り、片脚を反対の膝に交差させます。

■ 下の脚を曲げ、その脚を反対側の股関節の下に入れます。

■ 体重が身体の両側に均等にかかっていることを確認します。必要があれば、タオルやブロックを使ってバランスをとりましょう。

■ 背筋を伸ばし、上の脚に向かって身体をひねります。肘は上の脚の膝あたりに固定します。

■ 頭部と肩を先行させて全体をストレッチさせるイメージです。

ストレッチ

ROM:
ハンズ・ビハインド・バックの改善

ツール
アシステッド・
セルフ・マニュアル・
セラピー
（TASMT）

ショルダー・ローテーター・
トリガーポイントボール・スマッシュ

　上半身の前部の筋肉は硬くなったり動きが制限されやすく、それに伴って人間の姿勢は次第に前傾して丸まっていきます。ボールのように丸まった姿で生まれた私たちは、高齢になると再び丸まった姿に戻るのです。年齢に伴い、筋肉は長くなり、弱く、動かしづらくなりますが、座ったまま前傾姿勢で過ごす時間の長い現代生活も、この傾向に拍車をかけます。そこで、これらの筋構造をエクササイズによって解放すると、肩の痛みが和らぎ、可動域が広がり、より健康的な姿勢をとれるようになります。このエクササイズは、日々正しく行うことが大切です。そうすれば、肩関節の内旋と外旋がしやすくなり、多くの読者が苦手とするハンズ・ビハインド・バックのパフォーマンスも必然的に向上します。

ボールの位置
を決める

- ■トリガーポイントボールを脇の下近くの、広背筋と交わる場所の真下に置きます。
- ■そのままボールの上に横たわり、下側の腕を90度に曲げます。快適に感じられる程度にボールに体重をかけ、必要に応じて位置を調節します。
- ■腕をゆっくりと前後に回転させ、可動域を広げていきましょう。

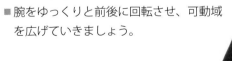

トリガーポイントボール・ペク・リリース

ボールの位置を決める

　胸筋をリリースするエクササイズは、諸刃の剣になりえます。可動域を広げ、機能を高めるという点では素晴らしく効果的ですが、通常は強い痛みを伴うからです。始めるときはまず、トリガーポイントボールの上でうつ伏せになることを目指しましょう。それに慣れたら、以下の手順で腕を動かしてみてください。

■ うつ伏せになり、トリガーポイントボールを鎖骨下の、肩と胸骨の間にある柔らかい場所に収めます。
■ ボールに近いほうの腕を伸ばし、遠いほうの手でボールの位置を固定します。
■ 体重をできるだけボールにかけます。
■ 可能であれば、頭の上、身体の横、背中の後ろで腕をゆっくり動かします。
■ ボールを反対側に移して繰り返します。

最初の姿勢

腕の動き

ツール
アシステッド・
セルフ・マニュアル・
セラピー
（TASMT）

最後の姿勢

クラシック・トライセップス／ラット・ストレッチ

ストレッチ

　上腕三頭筋長頭と広背筋を中心とした、いくつかの筋構造に働きかけるストレッチです。この範囲の柔軟性が高まると、肩関節の自由度も高まり、ハンズ・ビハインド・バックのアセスメントもすぐに向上します。

■ 壁の横に立ち、左腕を上げて、肘と上腕三頭筋を壁に当てます。
■ 壁に寄りかかり、上腕三頭筋をストレッチします。
■ 左腕の手首を右手でつかみ、左手を左肩のほうに引っ張ると、ストレッチが強化されます。
■ 腕を交代して繰り返します。
■ トリガーポイントボールやバンドを使えば、さらに高度なエクササイズができます。

トリガー
ポイント
ボールを
使う

リバース・スリーパー・ストレッチ

　これは昔ながらの効果的なストレッチです。時間や場所を問わず実践できて、肩を内旋しやすくしてくれます。ハンズ・ビハインド・バックが苦手な人は、デスクに座っている時間にこのエクササイズを時々行うだけでも、着実な成長が期待できます。

■ 座るか、ひざまずくか、立った姿勢で行います。左手の甲を背中の後ろに当てます。
■ 右手を身体の前に回し、左腕の肘をつかみます。
■ 右肩が前に出たり、上がったりしないよう注意しながら、左肘を身体の中心に引き寄せましょう。
■ 腕を交代して繰り返します。

ストレッチ

空力の向上 ①

現段階からエアロダイナミクスの向上に取り組んでいきます。エアロダイナミクスの重要性が十分認識されるようになったのは、比較的最近の話です。かつての選手はできるだけ軽い装備を探し回りましたが、現在の自転車競技界では、重さよりエアロダイナミクスを重視すべきだという考え方が主流になりました。サイクリストのエアロダイナミクスを高めるには、抗力に打ち勝つことがすべてです。サイクリストに加わる抗力を計算したり表したりするときには、CdAという単位を使用します。CdAの「Cd」とは、抗力係数のことです。これは物体や形状が空気中を移動するときにつくられる抵抗の大きさを意味します。例えば、従来使われていた筒状のシートチューブは、エアロ性能の高いティアドロップ型のチューブに比べて、抗力係数がはるかに大きくなります。CdAの「A」は、サイクリング中に風を受ける前面投影面積を表します。サイクリストにとってエアロ性能はとにかく重要ですが、その理由は、空気抵抗力（CdA）と速度が比例しないことにあります。つまり、出力が倍になっても速度は倍にならず、ツール・ド・フランスのスプリンターたちが時速250 km以上で競い合うようなことも起こり得ません。なぜ起こらないのかというと、ペダルに伝わったエネルギーの大半は空気抵抗を打ち消すために使われ、空気中の分子に衝突しながらそれを押しのけていくからです。

私たちはブリティッシュ・サイクリング内の「シークレット・スクイレル・クラブ」で、先進的な空力研究に取り組んでいました。風洞で何時間もかけてテストを行い、所属選手のマネキンを製作して、UCI規制の対象になるほど効果を発揮するスキンスーツを開発したこともあります。とはいえ、スピードとエアロ性能を向上させる道具や機材をどれほど揃えたとしても、実際に抗力の70～80％を受けるのは選手です。彼らの乗車姿勢がエアロダイナミクスの点で最適化されていなければ、姿勢そのものが崩れやすくなったり、パワーの低下につながったりします。これでは貴重なパワーを浪費し、スピードは落ちていくばかりです。

エアロポジションを保つことは、タイムトライアルやチームパシュートの選手だけでなく、ロードレーサーにとっても必須の技術です。プロ選手ほどではないにせよ、ホビーサイクリストでも必要でしょう。エアロポジションを維持できれば、平坦な道を効率的に走れるようになり、余力を多く残した状態で登りに挑むことができます。下りの場合はより速く、安全に駆け抜けることができるでしょう。いよいよきつくなってきた終盤に、身体を起こして背中をストレッチさせるのではなく、力強いエアロポジションを維持できるとしたら、かなりのタイムを節約できます。

自転車はバイクフィッティングやポジショニングによっていくらでも調整できますが、自転車に乗る人の適応能力には限界はあります。選手の身体に何らかの問題があるときには、自転車もそれに合わせて調整するのが普通です。しかしこうした調整はエアロダイナミクスを犠牲にしながら行うことになります。そこでぜひ、本書で紹介する改善のためのエクササイズを活用してください。これを行うと身体が適応し、エアロポジションをよりうまく、長く維持できるようになります。過去10年間の取り組みを通して、私たちはサイクリストが取り組むべき身体の部位を明らかにしてきました。本書ではその結果をもとに、アセスメントやエクササイズの対象となる部位を決めています。

エクササイズに集中的に取り組むと、可動域が改善され、より優れたエアロポジションをとれるようになります。ただし、本書のプロセスはそれで終わりではありません。可動域でのコントロール能力と筋力の向上に努めれば、エアロポジションを長く安定的に保ちつつ、いっそう大きなパワーを生み出すこともできるのです。エアロダイナミクスについては第4章で再び説明し、改善するためのエクササイズも紹介します。

1 骨盤 エアロダイナミクスを向上させる中で、最も重要な部位は骨盤です。通常エアロポジションとは前傾姿勢を意味します。しかし骨盤で前傾できない人は、身体のそれ以外の部分、普通は腰（腰椎）で前傾せざるを得ません。これは腰痛の原因にもなりますし、姿勢を維持できない原因にもなります。また、腰椎で曲げると背中はあまり平らにならないため、エアロダイナミクスを悪化させます。骨盤を前傾させるためには、サドルの選択や傾きが極めて重要です。ただし、ハムストリングスや股関節屈筋に問題があった場合には、骨盤の回転能力や前傾能力が大きく制限されます。

関連エクササイズ
- クアッド・スマッシュ
- ハムストリング・スマッシュ
- アンテリア・サイ・オープナー
- ポステリア・サイ・オープナー

2 首／頸椎 身体を前に倒したままロードやトラックを見渡そうとすると、首をいつも以上に伸ばす必要があります。そこでやってみてもらいたいのですが、天井をまっすぐ見上げ、その姿勢を1分以上保てるでしょうか。首の伸展能力と筋力は、最適なエアロポジションをとるために不可欠です。これらの能力は、広背筋や胸筋の柔軟性のほか、胸椎を伸展させる能力にも大きく依存しています。

関連エクササイズ
- ソラシック・スピン・エクステンション・スマッシュ
- リカンベント・ニーリング・ラット・ストレッチ
- トリガーポイントボール・ペク・リリース

◀身体の重要な部位の可動域が広がると、自転車上でエアロポジションがとりやすくなる

3 上背部／脊柱 エアロダイナミクスを議論する際に、よく「背中を平らにする」ということが一大目標として言われます。背中を平らにできるかどうかは、骨盤の回転能力に大きく依存しますが、胸椎全域でうまくコントロールする能力も同じく重要になります。

関連エクササイズ
- サイドトゥサイド・スマッシュ・アンド・ロール
- シーテッド・スピナル・ローテーション

4 肩 身体前部の面積を減らして抗力を減らすには、前傾することのほかに、身体の幅を狭めるという方法があります。そのために必要なのが、肩の良好な可動性です。

関連エクササイズ
- ショルダー・ローテーター・トリガーポイントボール・スマッシュ
- バンディッド・ショルダー・ディストラクション・イントゥ・エクステンション・アンド・エクスターナル・ローテーション

バンディッド・ショルダー・ディストラクション・イントゥ・エクステンション・アンド・エクスターナル・ローテーション

　肩は肘、手首、指と連携しながら、驚くほど器用な腕の動きを可能にしています。肩関節はもう1つの球関節である股関節と比べて、4倍も広い可動域をもちます。しかし、この広い可動域は安定性とのトレードオフです。股関節ではめったに起こらない脱臼も、肩関節では比較的よく見られます。自由度を高めるための動作でさえ、肩の筋肉を弱らせるおそれがあります。ここで紹介するエクササイズは、伸展と外旋という重要な2種類の動作を強化でき、しかも自分の体重を利用しながらノーリスクで行うことができる点で優れています。終了後は肩関節がソケット中の後部に引き寄せられ、感覚を良くすることができるはずです。現代人によく見られる「巻き肩」の矯正にも大きく役立つエクササイズです。

■壁や天井などの、頭上の高い位置にバンドを取りつけます。

■左手をバンドに通して回転させ、手のひらを上に、親指を身体の外側に向けて外旋をつくります。

■左手に右手を重ね、外旋時に支えます。

■ヒンジして前傾姿勢をつくります。

■外旋を維持しながら、筋肉の収縮と弛緩を繰り返しましょう。身体と足の位置を変えて動かしづらい場所を探し、その場所に働きかけます。

■手を交代して繰り返します。

ストレッチ

自分に合うエクササイズを見つけよう アセスメントを行うと、可動域を広げるべき部位が明らかになります。そこで本章では、皆さんがそれぞれの目標を達成するために、多くのエクササイズとオプションを紹介しました。人間には個人差があるため、個々のエクササイズに対して多様な反応を示します。だからこそ、自分に最も合っていると感じられるもの、最も効果が高いと感じられるものを、あなた自身が試行錯誤して選ぶ必要があります。新しいエクササイズや組み合わせに挑戦したら、その都度アセスメントを行い、効果を確認しましょう。

手頃な量を頻繁に行おう この段階では、エクササイズ頻度を増やすほど効果が高まります。1日1回、理想的には1日数回行うだけで、大きな進歩を実感できるはずです。毎回完全なルーティンをこなす必要はなく、5〜10分間、自分に合った数種類のエクササイズを行うだけでも構いません。これを1日の基本量として、あとは週に数回、20〜30分間の本格的なセッションを加えれば望ましいでしょう。こうしたエクササイズは、自転車のワークアウトに悪影響を及ぼす心配がないので、いつでもスケジュールに組み込むことができます。

ツールアシステッド・セルフ・マニュアル・セラピー（TASMT） TASMTはフォームローラーやトリガーポイントボールなどを使い、硬かったり動きが悪い箇所をほぐしながら解放するエクササイズです。通常はTASMTで筋肉を解放し、その後にストレッチをして可動域を広げます。やみくもかつ受動的にローラーを往復させるのではなく、硬かったり動きが良くない箇所を重点的に探すことが大切です。

ストレッチ 一般にTASMTの後に行うエクササイズを「ストレッチ」といいますが、実際は他に適切な用語がないためにそう呼んでいるだけです。「自由度改善のためのエクササイズ」または「可動域の拡大エクササイズ」と呼んだほうが、やや野暮ったくても正確かもしれません。ストレッチのメニューを行うと、人間の筋肉が物理的に伸びるのではなく、可動域内で動作の妨げとなるような感覚反応が減少していきます。

空力の向上 アセスメントの結果、ジムでのハードなウエイトトレーニングにはまだ進めないとわかると、負けず嫌いな人やせっかちな人はストレスを感じるかもしれません。しかし本章のエクササイズは、怪我を予防することで回復のために必要な膨大な時間を節約し、同時に自転車のパフォーマンスをも引き上げてくれます。なぜならここで紹介したエクササイズの多くが、自転車上でエアロポジションをとる能力を鍛えてくれるからです。

本章のまとめ

CONTROL THROUGH RANGE SUPPORTED CORRECTIVE EXERCISES

サポートを利用した状態での
コントロール能力改善を
目指したエクササイズ

TASMTやストレッチに加え、サポートを利用した状態でコントロール能力を高めるエクササイズを紹介していきます。これらのエクササイズはより「トレーニング」らしく感じられるでしょう。

この段階では動作の正確さが重要です。負荷のかかったトレーニングに進みたいがために焦ったり、チーティングをしたりするのはよくありません。ここで悪い習慣が身につくと、将来的なトレーニングの質を下げてしまいます。本章をじっくり読み、後背部と骨盤のコントロールについて理解を深めていきましょう。

アセスメントとそのレベルに応じた改善エクササイズへの取り組みは、目的地まで一方通行の道のりではありません。このプロセスはトレーニング、レース、そしてサイクリングと無関係な要素によっても変動し、行きつ戻りつを繰り返します。アセスメントはモビライゼーション改善のためのトレーニングとして利用できますし、その時点で重点的に強化すべき部位を指し示してくれるので、継続して行うことが大切です。その結果、レベル1のROM改善エクササイズに戻ることになったとしても、それを後退や失敗と捉えないように。アセスメントの結果はあくまでも、その時点で身体に必要なことを教えてくれます。

腰と骨盤のコントロールの重要性

胴体部、特に腰椎と骨盤をコントロールする能力は、協調がとれた持続可能な負荷動作のために不可欠です。ところがジムやヘルスクラブでは、こうしたコントロールの必要性を意識せずにスクワットやデッドリフトといった挙上動作を行っている人々が目につきます。コントロール不足の人は腰が丸まったり、過度にアーチをつくってしまいがちです。そうした問題を抱えたまま荷重を続ければ、大きな怪我にもつながりかねません。

このために腰と骨盤のコントロール能力はアセスメントの中でも重要なものとして位置づけられています。中でもアクティブ・ストレート・レッグ・レイズ（ASLR）とオーバーヘッド・リーチを通して評価を行います。これらの動作中では、意図的かどうかを問わず「チーティング（補償動作でなんとか動作を実現すること）」をすることも可能です。チーティングを自覚すること、チーティングの原因を確かめ、それを排除していくことが極めて重要です。この作業を放置してしまうと、例えばASLRをパスしながらも高い負荷や、何度も運動する中で怪我をする可能性に自分をさらしてしまうことになります。

私たちの考えでは、身体の完璧な動かし方、あるいは普通の動かし方といったものは存在しません。多くのトレーニング法やリハビリは、人々を狭い枠の中に押し込めようとしていますが、それではうまくいかないでしょう。なぜなら私たちには個人差があり、身体の動かし方もみな少しずつ違っているからです。例えば、50人の人に低めの壁を飛び越えるよう指示すると、この一見単純なタスクをこなすだけでも、方法は人それぞれだとわかります。次に壁から飛び降りるよう指示すると、着地動作はより高度であるために、動作はもっとばらばらになります。人間が壁を飛び越えたり飛び降りたりする方法は、数え切れないほど多くの要因によって決まります。具体的には、同様のタスクを過去にどう処理したかという経験や、関節の自由度、コントロール、コントロールに必要な筋力などです。私たちは意識的に飛び方を考えているわけではありません。身体が最善の方法を探して実行しています。

怪我から回復する過程でも同じです。典型的なのは、足首を捻挫したケースでしょう。私たちは健康な

腰が曲がった状態。骨盤が前傾した状態で固定
されているため、可動域を十分に使えていない

骨盤が後傾すると、腰が床につき、
脚を動かせる範囲が広がる

とき、たいてい跳ねるように階段を下ります。しかし足首を痛めているときは、異状がないほうの足を最大限に利用しながら、1段ずつ着実に下りていきます。このように動作パターンを変えることで、私たちは日常生活を続けながらも、回復が早まるように足首を休めているのです。怪我が治るにつれて身体は調整を行い、次第に通常の動作パターンを取り戻します。

とはいえ、状況に応じて動作を調整するという人体の驚くべき能力は、さまざまな問題につながることもあります。先ほど述べたチーティングもその一例です。私たちの身体には、動作の自由度、筋力、コントロールが比較的失われやすい部位があります。代表的なのが腰椎や骨盤ですが、これらの部位は、複数の小関節が入り組んでできていることがほとんどです。複数の関節が入り組んでいるという性質は、互いを補って適応する能力が高いということも意味します。動作を行うにあたって、ある関節が理想的な動き方をしないとき、他の関節がその代役となって動作を実現してしまうのです。補償動作がそれほど頻繁ではなく、特定の動作に結びついていなければ問題はありません。しかし、チーティングや手近な解決策にしょっちゅう頼っていると、それが神経的に動作に組み込まれ、通常動作となってしまいます。

ASLRに話を戻すと、可動域いっぱいに脚が上がらない人に共通するのは、骨盤の回転の問題です。骨盤が後ろに倒れないと、股関節や脚をきちんと屈曲または伸展させるのが難しくなります。こうした用語や概念は、理学療法分野の知識なしでは理解しづらいかもしれないので、わかりやすく写真（左ページ）で解説しましょう。

ご覧のとおり、1枚目の写真でASLRを行っているアスリートは、脚を75度まで上げられていません。その理由は、写真の一部に注目すればわかります。腰（腰部）がアーチを描くように床から浮き、骨盤が前傾したまま実質的に固定されているので、可動域全体

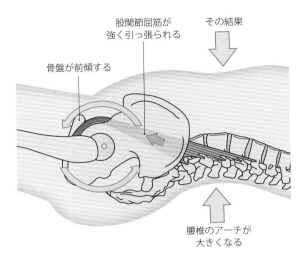

▲股関節屈筋が強く張っていると骨盤が前傾しやすくなる。すると腰にアーチが生まれ、可動域が制限される。

を使うことができないのです。

対して2枚目の写真のアスリートは、骨盤をしっかりと後ろに倒せています。そのため、背中が床にぴったりとつき、脚をより広い範囲で動かすことが可能になりました。

これはあなた自身でも簡単に実感できます。まずは2章の説明に従ってASLRを行い、どのタイミングで膝とハムストリングスの裏側が引っ張られる感じがしたかを覚えておきましょう。次にもう一度行いますが、このときは背中の下に小さなクッションを1つか2つ置いて、腰をわざとアーチ状にします。すると、引っ張られると感じるタイミングが早まり、脚を動かせる範囲も狭くなるのがわかるでしょう。

現代人の多くは、骨盤を後ろに倒すのが苦手です。これは自転車に乗っている時間を含め、座位の時間が長い生活様式になったことも一因だと思われますが、原因は他にもいろいろ考えられます。腰を平らにできないのは、腰椎に痛みやこわばりがあるからかもしれません。あるいは、筋力やコントロールが不足してい

るせいかもしれません。腰部の姿勢を維持するための
ストレングスやコントロール能力の不足、股関節のよ
うな周辺関節で可動域不足が起こっていたり筋肉が
張っている影響といったことも腰椎がアーチ状にな
ってしまう原因となりえます。

　しかしながら、私たちの身体は状況に応じて補償動
作もしくはチーティングができるので、一部の人々は
骨盤を後傾させずとも無難にASLRをこなしてしまい
ます。よく見られるチーティングの例は、息を吸って
横隔膜を押し下げ、腰椎を床に固定するというもので
す。その際、骨盤は後傾しておらず、脊柱の動きに従
っています。こうしたチーティングを明らかにする方
法はいくつかあるのですが、ASLRの場合なら、脚を
上げ下げすることです。脚の重さで負荷がかかると、
骨盤を後傾させ腰椎を床に対して水平に維持するた
めの筋力やコントロールが足りない人の場合、足を下
げるにつれて腰のアーチが伸びる様子が観察できま
す。

　こういったすべての問題をアセスメントの過程で
発見し、改善しながら、腰と骨盤のポジショニングに
関する理解と知識を深めていきましょう。その後にスク
ワットなどの高度な荷重動作に進めば、自分のピラ
ミッドが広範な土台の上に築かれているという自信
をもてるはずです。ピラミッドの土台が狭い状態、つ
まり可動域が制限され、コントロールや筋力が不足し
た状態では、背中の痛みや怪我を招きかねません。フ
ォームや動作は必ずしも完璧である必要はありませ
んが、他と比べて明らかに良い動作やタスクというも
のは存在します。次回ジムに行ったとき、周りを見渡
してみてください。

股関節、腰椎、骨盤、脚

サポートを利用した状態でのコントロール能力：アクティブ・ストレート・レッグ・レイズ・アンド・ロワー

　第2章で紹介したアクティブ・ストレート・レッグ・
レイズ（ASLR）は、アクティブ・ストレート・レッ
グ・レイズ・アンド・ロワーを完遂できないという人
にも有効です。ただし、脚を下げる際の骨盤の把握・
コントロール能力を高めるため、右記のエクササイズ
にまず取り組みましょう。

ペルビック・ポジショニング・アウェアネス・デベロッパー

　前述のとおり、骨盤が良いポジショニングにあることを把握し、その位置へコントロールする能力がこのプラン中で不可欠であり、最初から取り組む必要があります。本ページで紹介するエクササイズを正しく行うことにより、ピラミッドの土台を固めてくれます。この安定した土台があれば、将来的に負荷の高いトレーニングを始めても、ピラミッドが崩れることはありません。

- 仰向けになり、片手または両手を腰椎の下に入れます。
- 骨盤を後傾させて背中を平らにし、手と密着させます。初めてでうまくいかない、どうすればいいかわからないという場合は、こんなふうにイメージしましょう。臀部を床から離さず、鼠径部をへそに向かって丸めます。または、臀部を引き締めてから、床に対して押し出すと想像してもいいでしょう。これ

らのイメージを正しく実践できれば、腰から手に穏やかな圧力がかかるのを感じられるはずです。

- 最初に圧力をつくることを、できたらそれを維持する練習をしましょう。
- 途中で息を止めないようにしましょう。息を止めると横隔膜が空気で満たされ、手に圧力がかかっていると錯覚するからです。このよくある「チーティング」の方法を使うと、表面的なコントロールは高まりますが、息を吐けばたちまち元通りになります。誰もが犯しがちな誤りです。
- 息を止めないためには、声を出して数を数えるか、アルファベットを暗唱するのが効果的です。それが正しくできていれば、あなたの手にかかる圧力は変わりません。
- 自信をもって動けるようになり、手の圧力を保てるようになったら、エクササイズに進みましょう。
- 前述の手順どおりに骨盤を後傾させ、体勢が安定したら、片脚をまっすぐ伸ばします。そのとき、反対側のかかととは床につけたままにしましょう。
  - 脚を上げるにしたがって、腰椎が床から浮き上がろうとし、手にかかる圧力が減るのが感じられるはずです。
  - 先ほど説明したイメージに沿って骨盤の後傾を保ち、圧力が減るのに抵抗します。
  - 片脚につき5〜10回、コントロールを保ちながらゆっくりと上げ下げします。その後、脚を交代して繰り返します。

シングル・レッグ・サポーテッド・レッグ・ロワーズ

　前のエクササイズで骨盤のポジショニングをしっかり意識できたら、次の段階では、負荷がかかった状態での骨盤のコントロール法を学びましょう。

- ■ドアの前で仰向けになり、片脚を上げてドアフレームにつけます。片側の臀部をドアフレームのほうに動かし、もう片側の脚はまっすぐにして、ハムストリングが軽く伸びているのを感じながらドアフレームに載せます。
- ■ドアフレームに載っていないほうの脚は、床の上でまっすぐ伸ばします。
- ■両手は手のひらを上に向けて、身体の横で広げます。脊柱をニュートラルに保つためにフィードバックが必要な場合には、両手を腰の下に入れ圧力をかけましょう。
- ■腰をしっかり床につけたまま、脚をドアにぶつけることのないように、まっすぐ上げます。
- ■最大限に脚を上げたらいったん停止し、風船を膨らませる要領で、口から力強く息を吐きます。その後、脊柱の位置を保ったまま脚を床に下ろします。
- ■フォームが崩れるか、10回できたら（以下の手順を参照）、脚を交代して繰り返します。
- ■1回もうまくいかないときは、脚を完全に床まで下ろさなくてもいいように、ステップやクッションを使って動きの範囲を狭めましょう。
- ■1セット10回、3〜5セット行うことを目標にします。

シングル・レッグ・ロワーリング・ウィズ・コア・エンゲージメント

　前のエクササイズで骨盤のポジショニングに関する意識とコントロールができるようになったら、次の段階では、負荷がかかった状態で骨盤をコントロールする技術を身につけましょう。このエクササイズは、シングル・レッグ・サポーテッド・レッグ・ロワーズのサポートを減らすことにより、負荷を大きくしたより高度なバージョンです。バンドを使えば、腹筋の収縮が大きく促進されます。

- ■壁またはドアフレームにプルダウン用のバンドを取り付け、その方向に頭を向けて横たわります。
- ■骨盤の位置に注意し、腰を床につけたまま、腕をまっすぐ引き下げます。
- ■腕の位置はそのままに、腰と床の接点を保ちながら、両脚を持ち上げます。
- ■片脚を上下させます。下ろすときは完全に地面につかないように、数センチ離れた位置で止めましょう。
- ■10回上げ下ろしをしてから、脚を交代して繰り返します。
- ■片脚10回ずつ繰り返せるようになったら、アクティブ・ストレート・レッグ・レイズ・アンド・ロワーのアセスメントにも合格できるはずです。

胸椎

サポートを利用した状態でのコントロール能力: ウォール・オーバーヘッド・リーチ

　ハンズ・ビハインド・バックとシッティング・ローテーションのテストにどちらも合格できた人は、そのままこのエクササイズに進みましょう。しかし可動域が足りなかった人は、コントロールの改善から始めて

もあまり意味がありません。まずは追加のエクササイズを行って可動域を広げ、オーバーヘッド・リーチに役立ててください。

ツール
アシステッド・
セルフ・マニュアル・
セラピー
(TASMT)

ソラシック・エクステンション・アンド・オーバーヘッド・リーチ・ウィズ・フォームローラー

　このエクササイズは胸椎の伸展と回旋を改善するために行った第2章のエクササイズとよく似ており、2つを一緒に行うこともできます。こちらでは胸椎を伸ばしながら腕を頭上に伸展させることでモビライゼーション効果をより期待できます。

- 座った状態から背中を倒し、胸郭の裏にフォームローラーをあてます。
- 腕を頭上に上げ、フォームローラーの上で伸展します。必ず胸椎から伸展し、腰椎をニュートラルに保ちましょう。
- 腕をしっかりと頭上に上げ、臀部を持ち上げることで、ローラーへの圧力を強めます。
- 胸椎を下げながらローラーを上にずらし、最も動きが悪いと感じられる場所を注意深く探します。腕は頭上に上げたままにしておきます。
- このエクササイズの後、オーバーヘッド・リーチのテストに再挑戦してみましょう。嬉しい驚きを感じられるはずです。

ファースト・リブ・モビライゼーション

　理学療法士にとって、第1肋骨は人体のマジカルポイントです。受動的施術または能動的モビライゼーションのいずれかを通じて第1肋骨を解放すると驚くべき効果を得られます。第1肋骨は、頸椎と胸椎の接合点として力学的に重要なだけでなく、肩を支えるという役割ももっています。この骨の真下には、神経の幹線道路ともいうべき腕神経叢があり、上肢・上体の神経のほとんどがここに含まれています。そう考えると、肩全体と胸椎の可動性もやはり重要だと言えるでしょう。この範囲に張りや制限があると、あらゆる神経要素が固定され、拘束されてしまうからです。第1肋骨周りを解放してやることで、多くの人々に目覚ましい効果をもたらすと期待できます。

ツール
アシステッド・
セルフ・マニュアル・
セラピー
(TASMT)

- 鎖骨と首の付け根の間にある柔らかいくぼみを探し、ここにトリガーポイントボールを置きます。
- ボールを固定するように、ループ状のバンドを右肩に掛けます。
- ボールとバンドの位置を保ったまま、身体を曲げて、バンドのもう一端を左足に引っ掛けます。
- そのままゆっくり身体を起こします。するとバンドが引っ張られ、ボールに圧力がかかります。
- 顔をそらした状態で、右腕を上げ、円を描くように回します。腕を動かしながら動きが良くない箇所を探し、その場所に働きかけます。
- 反対側で繰り返します。

ボールを置く

グルート・スマッシュ・ウィズ・フォームローラー

ツール
アシステッド・
セルフ・マニュアル・
セラピー
(TASMT)

　オーバーヘッド・リーチのテストで不合格と判定するポイントの1つは、腰と壁の接触を維持できるかどうかです。腕の可動域が十分だったとしても、腰椎をコントロールできず、腰のアーチが大きくなるようでは問題があります。これはすなわち、骨盤を後傾させる能力が制限となっていることを示唆します。

ハンプ・アンド・ホロー・ストレッチ

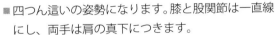
ストレッチ

四つん這いで行うハンプ・アンド・ホローは、別名「キャット・アンド・カウ」とも呼ばれます。古典的なエクササイズながら、その効果は実験結果からいっても、体験的にも立証済みです。ハンプ・アンド・ホローの素晴らしい点は、動作中に骨盤を前傾または後傾させる感覚を学べることです。エクササイズの最後は、オーバーヘッド・リーチと同じく、骨盤を後傾させて腰椎を壁に押しつけるような姿勢になります。ただし、ひざまずくことでよりサポートを得られるため、制限が大きい箇所を落ち着いて重点的にストレッチできます。

- 四つん這いの姿勢になります。膝と股関節は一直線にし、両手は肩の真下につきます。
- 背中を丸めてこぶをつくります。へそを通っているロープが天井に向けて引っ張られると想像しましょう。
- 次に、ロープが床に向かって引っ張られるイメージで背中を曲げ、へこみをつくります。臀部は持ち上げます。
- こぶをつくる、くぼみをつくる動作をゆっくりと切り替えながら3〜4回繰り返し、それぞれの姿勢でしっかりストレッチします。
- 動作は腰椎と骨盤を起点にして行いましょう。腕を曲げたり、股関節と膝のラインを崩したりしてはいけません。
- こぶをつくった姿勢から、骨盤を後傾させたままゆっくり座り直して、エクササイズを終了します。

ピラティスとヨガ

考案者のジョセフ・ピラティスの名にちなんだピラティスは、元々は怪我をしたダンサーへのリハビリ法として開発されました。正統なピラティスでは、バネで抵抗をかけるスライド式ベッド、通称リフォーマーマシンを使用します。このマシンを使うと、可動域が広がってエクササイズに必要な姿勢をとりやすくなります。さらに筋力も高まるので、負荷のかかった状態でもコントロールと姿勢を維持しやすくなるのです。一方で「ヨガ」という言葉には多様性があり、高温の中で行うビクラム、穏やかなハタ、エネルギッシュなアシュタンガなどがそこに含まれます。ピラティスとヨガは、どちらもあなたの可動域を確実に広げ、コンディショニングの幅広い土台を築いてくれるでしょう。加えてこれらの運動には、呼吸への意識を高める効果もあります。これはサイクリストにとっても、実際にやってみた人だけが得られるメリットです。

ピラティスまたはヨガに興味をもっているなら、自分に合ったクラスと講師を見つけることが大切です。同じピラティスといえど、有資格者の講師がリフォーマーを使って教える少人数のクラスと、週末クラスを受講

したのみの講師がマットを使って教える30人規模のクラスでは、内容に大きな差があります。ピラティスでもヨガでも、エクササイズやポーズには高い正確性が求められますし、ほんのわずかのズレからすべてが狂ってしまうことは珍しくありません。これらをトレーニングに活用している選手はグレート・ブリテン・サイクリング・チームにも多いため、クラス、講師、技術の質が維持できるように最大限努力を重ねています。読者の皆さんも同じように質について注意を払うべきです。特に、初心者の場合はまずマンツーマンの指導を受けてから、大人数のクラスに進むのがよいでしょう。

ピラティスとヨガは、自転車でのトレーニングやこの本で紹介するエクササイズを補完するアクティビティとして、どちらも優れていると言えます。自宅の寒いガレージや空き部屋でワークアウトを行うよりもクラスに参加するほうが精神的にやりやすいという人にとって、間違いなく良い選択肢です。仲間がいればモチベーションが上がり、オフバイクトレーニングにも集中しやすくなるのは明らかでしょう。アセスメントテストを通じて自分の弱点がわかったら、その克服にピラティスやヨガがどう役立つかを確認しましょう。お気付きの読者もいるかもしれませんが、この本で提案するエクササイズの多くは、ピラティスとヨガの両方を参考にしています。トレーニングや各種テクニックを包括的に、バランスよく、しかも効果的に進めていく上では、異なるアイデアを掛け合わせ、違った視点を大切にすることが不可欠なのです。この世の中には、本当の意味での「オリジナル」など存在しません。ですから、自分の方法が唯一絶対だと主張するトレーナー、施術者、指導者などには警戒が必要です。

◀サイクリングとこの本で紹介したエクササイズ以外の部分を補完するものとして、ピラティスとヨガはどちらも優れていると言える。

可動域のコントロール　可動域を広げるのに取り組んだ後は、その可動域内で身体や手足をうまくコントロールする技術を身につけなければなりません。人によっては、関節の可動性だけが生まれつき高く、筋力やコントロールがそれに追いついていないことがあります。こういったタイプの人は、スクワットに十分な可動域や自由度をもっていても、重いバーベルを肩に担いだ途端に潰れてしまいます。同様に、新しく身につけた可動域でもコントロール能力をしっかりと補強する必要があります。

腰と骨盤のコントロール　人体はある動作を行うのに最適な手段を持ち合わせていなくても、その動作を何とか実現してしまうという優れた性質があります。これは生物の生存戦略としては素晴らしい能力ですが、コンディショニングや長い目で見た健康にとっては必ずしも良いものとは言えません。間違った方法で、あるいは「チーティング」を使って負荷動作を行うと、将来的なトレーニングの質を損なうことになります。コンディショニングの土台を広げるどころか、むしろ狭めてしまうのです。特に腰と骨盤のコントロールを鍛える際は、多くの人々がズルをしやすく、その影響はさまざまな動作やエクササイズに及ぶことがあります。ですが、そうしたごまかしもアセスメントとエクササイズの中であぶり出し、改善することが可能です。

ピラティスとヨガ　本書にピラティスやヨガのクラスで行われているエクササイズが一部登場するのは偶然ではありません。ピラティスとヨガはいずれもサイクリストに適しており、本書のトレーニングを補ってくれます。興味のある人はいくらかリサーチをして、評判が良いもしくは資格をもっている講師を見つけましょう。初めのうちはマンツーマンで教わるのが理想的です。

CONTROL THROUGH RANGE UNSUPPORTED CORRECTIVE EXERCISES

サポートを利用しない状態での
コントロール能力向上を
目指したエクササイズ

このレベルまで進むと、サポートを使っている段階よりもさらに練習らしさを感じられるでしょう。セットや回数についてはこれから詳しく説明していきますが、特にウエイトトレーニングを始めたばかりの人は、セッション計画を慎重に立てる必要があります。

ストレングストレーニングを始めたばかりの段階では、筋肉がほぼすべての刺激に反応して成長するのが感じられるでしょう。よってトレーニング中は、ウエイトの重さ、または回数やセット数にあまりこだわる必要はありません。こうした要素は成長とともにより重視していきますが、まずは良い技術を身につけることを優先しましょう。また、強化されるのは筋肉だけではありません。新たなトレーニングメニューに取り組むと、腱や靭帯を含む結合組織も、そのメニューに少しずつ適応していきます。ただし、結合組織の適応は、筋肉より時間がかかることが普通です。筋力がついたのでもっと重いウエイトを持ち上げられるはずだと考え、焦って負荷をかけすぎるとこれらの組織を痛めてしまうリスクがあります。

これまでの章では、1日1回から複数回、短時間のTASMTやストレッチに取り組んでもらいました。しかしこの章でのエクササイズについて、オフバイクコンディショニングに集中できる時期には、まとまった時間を週に2〜3回確保することを目標とします。以下のガイドラインを守るようにしてください。

- エクササイズは最低でも週2回、セッションの間隔を48時間あけて行いましょう。これらのセッションに加えて、TASMTとストレッチを引き続き行っても構いません。
- アセスメントの結果をもとに、あなた自身に合ったエクササイズを選びましょう。
- 正しく動作できているかどうかよく確認しましょう。優先すべきは負荷をかけることではなく、優れたフォームと技術を身につけることです。
- RPEスケール（109ページ参照）を利用して強度を選びましょう。正確なガイドラインについては、以下を参照してください。

ストレングストレーニングが自転車を使ったワークアウトと干渉しないように注意することも必要となってきます。持久系トレーニングとストレングストレーニングを組み合わせることをコンカレントトレーニングと呼びますが、これをうまく管理するのは簡単ではありません。筋力を高めながら同時に持久力をも引き上げようとすれば、全体的な成果は上がりにくくなります。コンカレントトレーニングについてはさらなる研究や議論が必要とされていますが、シンプルにいえば、身体の細胞を相反する要求下に置くということになります。また、一般的に持久系トレーニングのストレングストレーニングに対する干渉は、ストレングストレーニングの持久系トレーニングに対する干渉よりも大きくなります。多くのトレーニング要素の中でも、持久系トレーニングでの頻度や手法、そして継続時間は重要なファクターです。サイクリングは他の持久系競技と比べても身体に与える衝撃が少なく、筋肉に与えるダメージも少ないため、かなり干渉を起こしにくい部類ではあります。とはいえ自転車での高強度ワークアウトと高強度ストレングストレーニングをある程度並行しようとすれば、互いに悪影響を与えかねません。いくつかの手順でそうした影響を最小限に抑えることができます。

■持久系トレーニングとストレングストレーニングの間には、回復時間をできるだけ長くとりましょう。可能ならば、最低8時間はとれるようにトレーニング計画を立ててください。例えば午前8時にストレングストレーニングを、午後6時に自転車を使

▼持久系トレーニングとストレングストレーニングは干渉し合うことがある。そのため計画を立てるときは、回復時間とトレーニング内容をどちらも考慮しなければならない。

ったワークアウトを行うといったように、午前と午後で分けるといいでしょう。

■セッションの間には、できる限り栄養補給をしましょう。セッションを終えて次のセッションへ進む前に、リカバリードリンクやタンパク質と炭水化物を含む食事をとってください。

■1日のうちで先に行うべきはストレングストレーニングです。ストレングストレーニングと持久系トレーニングを別々のセッションに分けられない場合

は、あまり理想的とは言えませんが、ストレングストレーニングから始めてください。

■ 限界までウエイトを挙げないでください。レジスタンストレーニングでは、限界の1歩手前で止めることが大切です。限界までプッシュしてもストレングス向上の程度は変わらず、むしろ回復に必要な時間が大きく増えるだけです。

現実的にストレングストレーニングに集中する時期には、自転車のパフォーマンスが一時的に低下します。したがって、自転車を使わないコンディショニングに集中するにはオフシーズンが最適です。サイクリングの量や強度が減りがちだという点でも、オフシーズンはストレングストレーニングの効果が得られやすい時期だと言えます。

RPEスケール

改善エクササイズと違い、よりトレーニングに近いエクササイズに進むにあたっては、自覚的運動強度（RPE）を理解する必要があります。サイクリストとしてすでにRPEの概念にふれたことがあるかもしれません。RPEを使ってサイクリングの強度を計測した経験もあるのではないでしょうか。そのときに参照するのは、おそらく20段階のボルグ・スケールでしょう。これは心拍数とパワーをトータルで扱い、心肺機能に負荷のある運動の指標を提示する強力なツールです。そればかりでなく、RPEはストレングストレーニングにも活用できます。最大1回挙上可能重量から回数を算出する手法は、元となる計測が困難かつ怪我の可能性をはらんでいます。それよりもRPEの使い方に慣れることで、安全かつ同じぐらい正確な負荷・回数を計算できます。また、プレスアップやインバーテッド・ローといった自重動作の測定にも、RPEは非常に適しています。

プレスコア	感覚
< 5.5	本番のワークセットとして、とても楽にできる
6	ウォーミングアップのセットとして、かなり楽にできる
6.5	ウォーミングアップのセットとして、きついができないことはない
7	ウエイトを持ち上げるスピード、あるいは動作のスピードはかなり速いが、最初のセットとしては楽にできる
7.5	あと3回はできるかもしれない
8	あと2回は確実にできるだろう
8.5	あと2回はできるかもしれない
9	あと1回は確実にできるだろう
9.5	あと1回はできるかもしれない
10	これ以上は絶対にできない

本章と次章で紹介する一部のエクササイズでは、目標回数とそれに対応するRPEを定めています。RPEは、最適な目標回数を決めるのに役立ち、身体意識を高めてくれるという点で優れています。ただし、指定された回数を達成できただけではセットを完了したことになりません。フォームに注意を払い、崩れた場合は中断してやり直しましょう。

股関節、腰椎、骨盤、脚

サポートを利用しない状態でのコントロール能力:ヒップヒンジの改善

　ヒンジやその他複雑な多関節エクササイズでは、正しい動作を学び、身体に覚え込ませることが技術向上に欠かせません。さまざまなポイントを押さえながら繰り返し練習することが必要となります。そばでひとつひとつ指摘してくれるコーチがいないのであれば、こうしたポイントに注意を払い、バイオフィードバックを組み合わせることが独学の王道となります。

　外部に注意すべきポイントを与えられると、アスリートは自分の身体から注意をそらし、空間の中で自分の身体がどう動くかに意識を向けられるようになります。また、バイオフィードバックとは正しい動きを行うのに助けとなる感覚情報をアスリートに与えてくれるものを指します。例えばヒップヒンジなら、背中にスティックを沿わせる、壁を使うなどの方法が考えられます。それらの方法はわかりやすく具体的であることが大切で、動作の感覚だけを曖昧に伝えるものであってはいけません。経験から言っても、外部に注意を払うポイントを置くことは、動作の見方や練習の仕方に各々のやり方を許し、サイクリストでもそうでないアスリートでも、うまくいくことが多いのです。普段やっていない動作を実施しようとするときに、身体感覚を把握できなくなることがうまくいかない原因の大半です。

　どんなヒンジ動作おいても注意すべき重要なポイントは変わりません。すなわち、前章までと同じく、試行錯誤をしながら自分に最適な

背中はまっすぐニュートラルに、骨盤は正しい位置に保つ

背筋をまっすぐにする

胸を前に出す

股関節を後ろに引く

膝が前に出すぎないよう注意。前に出た場合は戻す

エクササイズを見つけるということです。私たちはそれぞれ違った人間で、それぞれ違ったポイントに反応します。トレーニングの際は忘れずに自分で動画を撮影するか、あるいはパートナーに撮影を依頼しましょう。自分自身の動きを確認することは、他のどんな指示と組み合わせてもより効果を増してくれる戦略です。

「正しいパターンの習得」中にある最初の3つのエクササイズの中から、自分に最適なものを見つけたら、それを定期的に繰り返すことが成長の鍵を握ります。アセスメントのガイドラインどおりに着実にヒンジできるようになるまで、1日につき10回3セットを目指して続けてください。この目標を達成できたら、最後の2つのエクササイズに進み、パターンを定着させます。ここではエクササイズごとに指定されたセット数・回数を守り、本章冒頭で説明したガイドラインに沿ってスケジュールを立てましょう。

ハンズ・ダウン・サイ・ヒンジ

正しいパターンの習得

両手を大腿に沿って下ろし、前ページの注意点に気をつけながらヒンジの姿勢をつくります。人によってはこのエクササイズを行うだけで、ヒンジのパターンを簡単に習得できるでしょう。

- 背筋を伸ばして立ちます。膝は柔らかく保ち、脛は垂直に立てます。
- 膝が前に出ないよう注意しながら、両手を大腿に沿って下ろします。
- 1回行うたびに、股関節を少し強めに後ろへ引きましょう。その際に背中が曲がったり、膝が前に出たりしないように注意します。

スティック・ダウン・ザ・バック・ヒンジ

アセスメントテストに向けてヒンジを練習するときには、バーを使うと効果的です。脊柱の位置を把握しづらいときも、バーがあれば、背中がどういう状態になっているかがわかります。

- 足を肩幅ほどに開いて、地面に対して垂直に立ちます。膝は伸ばしきって、ロックはしません。
- 左の写真のようにバーを持ちましょう。エクササイズを終えるまで、バーと後頭部、右手と首の後ろ、バーと上背部、左手と腰、バーと尾骨の接触は必ず保ってください。
- 腰を後ろに引いてヒンジします。このとき、膝は多少曲がっても構いません。
- バーとの接触点をしっかり保ちながら、1回ごとに前傾を深くします。胴体をしっかり倒し、アセスメントで求められる50度の角度を目指しましょう。

正しいパターンの習得

バム・トゥ・ウォール・ヒンジ

　このエクササイズは臀部へ接触する目標物を設定することで、股関節を起点にした動作を可能にしてくれます。そのため、脊柱を動かさずに股関節を動かすのが難しい人向けに特に効果的です。

- 壁に背を向けて立ち、かかとを壁につけます。その位置から、1歩前に踏み出しましょう。
- ヒンジして臀部を壁につけます。膝は柔らかく保ち、背中は平らにしましょう。
- 臀部を壁につけた状態で停止し、ハムストリングスが伸びている感覚を意識します。身体をチェックし、ヒンジを指導するにあたって説明したポイントが守られているかどうか確認してください。

正しいパターンの習得

スタティック・ホールド・ローデッド・ヒンジ

　無負荷のヒンジパターンを着実にこなせるようになったら、そのパターンを神経回路に定着させる必要があります。次の2つのエクササイズを普段からトレーニングに組み込んでおくことで、時間とともにテクニックが低下するのを防ぐことができます。ウエイトを使うことで身体が動作パターンを記憶しやすくなり、全身の筋肉、骨、結合組織も同時に強化されます。

ヒンジ動作に負荷をかけるときは、ケトルベル、ダンベル、重さのあるリュックサックやプレートなどを使用するとよいでしょう。負荷のかけ方のポイントは、上腹部と胸骨よりも上に負荷をかけることです。これにより重心が上がり、理想的なヒンジのポジションをつくりやすくなります。

正しいパターンの定着

■適度な重さのウエイトを持ち、ヒンジします。
■最も深く前傾した姿勢のまま停止し、ヒンジを指導するにあたって説明したポイントが守られているかどうかを確認します。
■以下の秒数を保ったら、最初のポジションに戻りましょう。それから再びヒンジして停止し、指定された回数を繰り返します。

5秒×5回を3セット（7〜8RPE）、ウエイトの重さを調節して難易度を上げながら行いましょう。

ローデッド・ヒンジ

正しいパターンの
定着

スタティック・ホールド・ローデッド・ヒンジを着実にこなせるようになったら、今度はさらにレベルを上げて、ウエイトを持ったまま動作を大きくしてみましょう。このエクササイズを続けると動作パターンが定着し、スクワットなどのより複雑なエクササイズでも正しくヒンジできる身体ができあがります。

- スタティック・ホールド・ローデッド・ヒンジと同様に、適度な重さのウエイトを抱えます。下記のガイドラインに従って上下にヒンジしていきます。
- ウエイトを身体の中央で抱えたままヒンジできる自信がついたら、応用編として、ケトルベル、ダンベル、またはバーベルを手に持ってヒンジしてみましょう。この動作には、より高いコントロール能力が要求されます。

応用編1
4秒間かけて前傾し、最も低い姿勢で2秒間停止した後、コントロールしながらウエイトを持ち上げます。これを1回として、5回3セット行いましょう（7〜8RPE）。

応用編2
通常のスムーズなテンポで、コントロールを効かせながらウエイトを持ち上げます。これを10回3セット行いましょう（7〜8RPE）。

動作の速度が遅いほどコントロールはしやすくなります。負荷をかけたまま快適に自信をもってヒンジできるようになるまでは、応用編1を繰り返しましょう。応用編2に進むと、より速い動作が求められます。

サポートを利用しない状態でのコントロール能力：スクワットの改善

競技成績をどうやったら上げられるか？　という話の中で、多くの人々が挙げる定番エクササイズがスクワットです。スクワットは正しく行えばすばらしい効果を発揮しますが、その前に押さえるべき動き方と負荷のかけ方があります。多くのオフバイクトレーニングのプランでは動作能力に個人差があることをほぼ、もしくはまったく考慮せず、一律に負荷をかけたスクワットをせよと提案しています。しかし、スクワットに関わる複数の関節で可動域やコントロールが不足している場合は、このエクササイズを計画に組み込むことを検討すべきではありません。

スクワットでの負荷のかけ方はいくつもあり、それぞれ多少は変化しますが、基本的には違いよりも共通点のほうが多いと言えるでしょう。例えば、（肩の前部でバーを担ぐ）フロント・スクワットは、通常のバック・スクワットに比べて、大腿四頭筋への負担が大きくなるという違いがあります。それにもかかわらずフロント・スクワットとバック・スクワットには、共通した重要な要素があるのです。

右の写真では、腰を落とした姿勢から立ち上がる際の、スクワットの注意点を説明しています。スクワットは全身運動であり、これらのポイントがすべて満たされた上で実現する動きなのだと覚えておきましょう。

スクワットにおいて、床との接触点となり、最終的に力が加わるのは足です。したがって、足の位置はとても重要になり

ます。足は力強さと安定感が感じられる幅で開く必要がありますが、ほとんどの人にとっては肩幅ほどになるでしょう。しゃがむとき、足は床とぴったりつけておかなくてはなりません。つま先の開き具合についてはさまざまな意見があり、かなり開くべきだという人もいれば、あまり開く必要はないという人もいます。経験から言えば、足を開く幅やつま先の角度は個人が決めればよく、その人が力強さや安定感、あるいは床

頭は前に傾ける。傾きすぎないよう注意

膝とつま先の位置を一直線に揃える

足を開く幅やつま先の角度、そして位置は人それぞれで構わない。重要なのは、力強さと安定感を得られる姿勢で立ち、足を床に「ねじ込む」ことだ

スクワットの深さは本人の能力に応じて決める

との接触を感じられるなら問題ありません。スクワットの姿勢は、一般には左右対称が望ましいとされています。しかし、たとえ同一人物の身体であっても人体の構造に大きな多様性があることを考えると、やはり姿勢も左右対称である必要はなく、個人がやりやすい形を見つけるべきでしょう。

快適なポジションが見つかったら、今度は足を「床にねじ込んで」いきます。自分が床に置かれた紙の上に立っていると想像すると、この指示が理解しやすくなるかもしれません。姿勢を整えたら、紙をちぎるようなイメージで足を動かしてみましょう。これにより下肢と胴体の筋組織が活性化され、次の動作への準備が整います。

スクワット中は、頭部を含めた脊柱の位置を適切に保つことが大切です。先にも言ったように、脊柱の最適なポジションがどこかという問題には、多くの議論があります。古い「教科書」では、腰でアーチをつくるべきだと教えています。ただしこの指示に従うと、負荷をかけるべきでない構造に負荷をかける（伸展位で負荷をかける）ことになってしまい、危険を招きかねません。身体部位の位置、大きさ、形状は人によって違うのですから、当然のように最適な位置も人によって違います。よって、3次元での安定性を得るには、特定の部位を特別視するのではなく、全身の連携に注目するのがベストでしょう。これは、テントにロープを張る作業にたとえられます。それぞれのロープが「最適な」張力を与えなければ、バランスのとれた構造体をつくり上げることはできないのです。

スクワット（下降）するときは、股関節と膝を曲げながら腰を落とすことを目標にします。下降時と上昇時には、膝と足が直線上に並んでいなければなりません。そうでないと、やはり荷重を想定していない身体構造に荷重することになってしまいます。スクワットによく見られる問題は、膝が内に入ること、すなわち「膝関節外反」です。膝関節外反が起きると、膝関節に不適切な方法で負荷がかかり、炎症や痛みが出やすくなります。

スクワットの深さは、各ポジションを適切に保つ能力に応じて決める必要があります。足と膝、股関節と脊柱の位置をうまく保てないのであれば、深くスクワットをしても効果がありません。あなたは1日の終わりにスクワットに励み、各筋肉や関節に強化のための刺激を与えることで、パフォーマンス向上を目指しているかもしれません。しかし技術的なガイドラインに従わなかったり、誤った方法で負荷をかけたりすれば、身体の許容範囲を超えてしまいます。結果として怪我や、炎症、最悪の場合は障害につながることもあるでしょう。これでは、あなたの目標（健康状態やパフォーマンスの改善）にとって逆効果です。

スクワットもヒンジ同様に、最初の3つのエクササイズでパターンを習得しましょう。次に最後の2つのエクササイズに進み、負荷をかけながらパターンを定着させます。

ボディウエイトスクワット・ウィズ・フロント

アセスメントでは、バーを背中につけてスクワットを行いました。このバーを取り除けば、腕をカウンターバランスとして利用でき、本当のスクワットの感覚をつかむことができます。

正しいパターンの習得

ゆっくり下降（4秒間）し、最も低い位置で停止（2秒間）。これを1回として、5回3セット行います。

停止することで空間内での身体への意識が高まり、正しいポジションを保ちやすくなります。

このエクササイズを難なくこなし、理想の姿勢を身につけた人は、パターンを定着させるためのエクササイズに進んで構いません。一方で、このエクササイズに苦戦している人は、以降2つのエクササイズを役立ててください。

- 立った状態から始めましょう。116〜117ページのスクワットのガイドラインに従い、足、足首、股関節、肩が力強く安定するポジションを探します。このエクササイズを利用すれば、いろいろなポジションからスクワットを開始でき、自分に最適な足の開き幅とつま先の角度が見つかるでしょう。

- 力強いポジションができあがったら、忘れずに足を床にねじ込む感覚をつくってください。腕を前に伸ばし、ゆっくりスクワットします。良好なフォームを保ちながら、できるだけ腰を深く落としましょう。

- 最も低い位置で停止します。その際に膝をロックさせずに行います。最初のポジションに戻って同じことを繰り返します。

- 自分で感覚的にフォームを把握したり、鏡で見るのも悪くはありませんが、可能であれば誰かに見てもらうか、動画を撮影してもらいましょう。そうすることで、足、膝、胴体のどこがまっすぐになっていないかが確認できます。

バンド・アラウンド・ニーズ・スクワット

スクワットでのよくある問題は、膝が内側に折れる「膝関節外反」です。バンドはそれだけで問題を防ぐというわけではありませんが、外転に必要なトルクを与えるためのフィードバックを外から与えてくれます。これによって筋肉が活性化され、膝関節外反が起きにくくなるのです。

- 足の周りにバンドを巻き、膝上2.5cmほどまで引き上げます。
- バンドを引き上げたら、張力を保つよう意識しながら、腕を前に伸ばして自重スクワットをしましょう。

ゆっくり下降（4秒間）し、最も低い位置で停止（2秒間）。これを1回として、5回3セット行います。このエクササイズを着実にこなせるようになったら、最初のエクササイズに戻り、膝が崩れることなくできるかどうか確かめましょう。

正しいパターンの習得

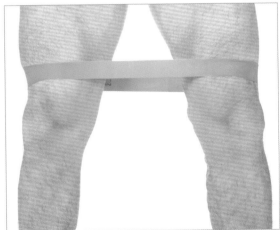

ウォール・スクワット

　ウォール・スクワットは、股関節を後ろに引けない、脛を垂直に保てない、胴体が曲がりすぎてしまうなど、スクワットのさまざまな問題を修正してくれるエクササイズです。このエクササイズを正しく行えば、頭と膝が壁に近づくため、パートナーの助けがなくても効果的なフィードバックを得られます。

正しいパターンの習得

■壁に面して立ち、つま先を壁の底につけた状態で、スクワットの開始姿勢をとりましょう。難しい場合は、最大で30cmまで後ろへ下がっても構いません。

■両手を壁に近づけます。手のひらは前に向け、股関節の高さに合わせましょう。

■両手を下げつつスクワットします。その際、頭や膝が壁に触れたり、身体が後ろに倒れたりしないようできるだけ注意しましょう。腰を落としきる必要はありません。

■最も低い位置でいったん停止します。その後、再び立ち上がり、同じことを繰り返します。

　スクワットには不思議な点もあります。正しいパターンを学ぶにあたって、ウエイトを必要とする場合があるのです。今まで紹介したエクササイズを苦手としていた人も、負荷をかけるとたちまち上達することがあるかもしれません。ただしこれは、負荷さえかければ正しいパターンの習得が容易になるということではありません。自重スクワットをしっかり身につけない状態で先へ進むと、怪我をするおそれが高まります。多少の負荷をかけたほうが効果的だと感じる人は、軽いウエイトを持って次の2つのエクササイズを試してみましょう。同時にこれまでの3つのエクササイズにも再挑戦し、負荷をかけることで身体への意識が高まったかどうか確認してください。

ゆっくり下降（4秒間）し、最も低い位置で停止（2秒間）。これを1回として、5回3セット行います。このエクササイズを着実にこなせるようになったら、最初のエクササイズに戻ります。

ピックアップ・スクワット

　身体の前面でウエイトを持つと、胴体の筋肉に力が加わり、位置を保ちやすくなります。また、膝のポジショニングも容易になります。

- 足の間にダンベルかケトルベルを置き、しゃがんでそれを持ち上げます。その際、スクワットを指導するにあたって説明したポイントを意識しましょう。
- ウエイトは持ったまま、適切な姿勢を保ちながら、指定された回数、スクワットします。

応用編1

4秒間かけて下降し、最も低い位置で2秒間停止した後、コントロールを効かせながらウエイトを持ち上げます。これを1回として、5回3セット行いましょう（7〜8RPE）。

（正しいパターンの定着）

応用編2

通常のスムーズなテンポで、コントロールを効かせながらウエイトを持ち上げます。これを10回3セット行いましょう（7〜8RPE）。

　動作の速度が遅いほどコントロールはしやすくなります。ですから、負荷をかけたまま快適に自信をもってスクワットできるようになるまでは、応用編1を繰り返しましょう。応用編2に進むと、より速い動作が求められます。

　ウエイトまでの距離が遠くて持ち上げにくい場合は、小さなステップやプレートの上にダンベルまたはケトルベルを置いてもよいでしょう。

プレートを
使った例

ゴブレット・スクワット

胸の高さでウエイトを持つと重心の位置が高くなるため、姿勢を保つために胴体の筋肉へより負荷がかかります。

- ■ ダンベル、ケトルベル、またはプレートを胸の高さで持ちます。
- ■ 力強いスクワットの姿勢をとります。
- ■ ウエイトを持ったまま、指定された回数、スクワットをします。良好なフォームを保ちつつ、身体が前に出ないよう注意しましょう。
- ■ 膝が崩れていることに気づいたら、119ページを参考に、膝にバンドを巻いてスクワットをしても構いません。

正しいパターンの
定着

応用編1

4秒間かけて下降し、最も低い位置で2秒間停止した後、コントロールを効かせながらウエイトを持ち上げます。これを1回として、5回3セット行いましょう（7〜8RPE）。

応用編2

通常のスムーズなテンポで、コントロールを効かせながらウエイトを持ち上げます。これを10回3セット行いましょう（7〜8RPE）。

動作の速度が遅いほどコントロールはしやすくなります。ですから、負荷をかけたまま快適に自信をもってスクワットできるようになるまでは、応用編1を繰り返しましょう。応用編2に進むと、より素早い動作が求められます。

以上2つのエクササイズを終了したあなたは、一定レベルのスクワット技術を身につけ、動作パターンをしっかりと定着させることができました。しかし、日々スクワットを行っていると、握力や上半身の筋力が足りないとか、手で持つには重りが重すぎるといった問題が出てくるでしょう。フォームに完璧な自信があってその段階まで到達したら、第5章で紹介するスクワットのバリエーションへ進むことを検討してください。

スクワットの十分な深さとは？

　スクワットの理想的な深さについては、さまざまな議論が交わされています。インターネット上で、ストレングストレーニングやボディビルの掲示板を覗いてみましょう。サイクリストがカンパニョーロかシマノかを話し合うのと同じように、スクワットの深さが論争の的になっているはずです。「尻が地面に近づくまで」しゃがむべきだという人もいれば、「太ももがわずかに水平面から下になるまで」しゃがめばよいという人もいるでしょう。しかし大方の物事と同様に、アスリート個々の能力や目標に応じて変化します。真面目に考えると深さを決めるには遺伝的形質や骨の構造まで考慮に入れる必要があるのです。股関節の構造によってある程度深さが決まります。脊椎研究の第一人者であるスチュアート・マクギルは、東欧人特有の股関節の形状として「ケルティック型」と「ダルメショ

ン型」の2つがあることを指摘しました。マクギルの発見によれば、一般の東欧人に多いのは寛骨臼が浅めなダルメション型ですが、一方のケルティック型は寛骨臼が深めなことから、スクワットにはあまり向かないとのことです。さらに、スクワットで機能するのは股関節だけではありません。骨盤と腰椎も重要ですし、複数の関節が連携することで初めて実現するのです。スクワットがこれほど複雑で、多くの独立した要素が関わる動作であることを考えれば、一律に深さを示すこと自体が不可能かつ無責任と言えます。究極的に言えば、スクワットに最も必要なのは（特に負荷のある場合においては）、股関節を曲げながら脊柱をニュートラルに保つ能力です。このために関連した重要な部位を安定して動かせることが要求され、動かせるレベルに応じてスクワットの深さも決まってきます。

▼スクワットの適切な深さは、個々の遺伝的形質、モビリティ、トレーニング目標などに応じて決まる。

サポートを利用しない状態でのコントロール能力：スプリット・スクワットの改善

スプリット・スクワットは、スクワットの動作パターンを取り入れながら、左右非対称の姿勢で行うエクササイズです。ウォーキング、ランニング、サイクリングといった多くの日常動作を考えてみると、私たちが両足に均等に負荷をかけて動く機会は多くなく、非対称動作としてこのエクササイズは重要です。ヒンジとスクワットの基本はすでに習得したものとしてパターンの習得にそれほど力点をおかずに、すぐにトレーニングらしさのあるエクササイズに取り組んでもらいます。正しいスプリット・スクワットは、大いに身につける価値のある動作です。両足を地面につけたエクササイズと比べ、はるかに少ない負荷（たいていは自分の体重で十分）で筋肉を刺激できるため、利用できる道具の少ない旅行中のトレーニングメニューとしても最適でしょう。スプリット・スクワットを

指導するにあたっては、以下のような重要なポイントがあります。

- ■ ほとんどの人は、スプリット・スクワットやそのバリエーションを行うとき、地面に対して垂直な姿勢をとろうとします。しかし通常のスクワット動作を客観的に眺めてみると、垂直ではなく斜めの姿勢をとっています。つまり、垂直な姿勢を目指すのには問題があるということです。

- ■ 私たちが勧めるのは、かかとに体重をかけた前傾姿勢です。かかとへの荷重については、下腿の筋肉群により均等な負荷がかかるため、実際の動作時に近い負荷をかけることができます。

- ■ 良好なスプリット・スクワットには、しっかりしたヒンジの技術が欠かせません。過度に垂直な姿勢をとると、膝と腰への負担が大きくなり、臀筋と膝上部の筋肉を活用することができなくなります。

✓ 前傾姿勢

✗ 昔ながらの垂直な姿勢

風船がひもにつながって
いるイメージで、頭の位
置もニュートラルに保つ

脊柱の位置をニュートラル
にして、前傾姿勢をつくる

胴体のポジション
を適切に保つには、
ブレーシングする
ことも重要

かかとを上げることで、脊柱の位
置をニュートラルにする。後ろ脚
に重心がいくと、股関節も引き下
げられて前に倒れやすくなり、腰
椎に大きな負担がかかる

体重のほと
んどを前脚
にかける

自分にちょうどいいと感じる幅で脚を開こう。一般には、開
く幅が広ければ広いほど股関節の筋肉が鍛えられ、狭ければ
狭いほど大腿四頭筋が鍛えられる。いずれにしても、幅の広
さがスクワットの技術に影響しないことが重要となる

■ スクワットを始めるときは、上記のポジションを保
　ちながら、胴体をまっすぐ上下させることを意識し
　ましょう。胴体が横に動くのは望ましくありません。
■ 膝が床につかないよう気をつけましょう。可動域全
　体を使うことは大切ですが、膝が床につくと力が抜
　け、ポジションが崩れやすくなります。

■ 上昇するときは、床を勢いよく踏むように立ち上が
　ります。そうすることで、正しい姿勢を保ったまま
　上昇できます。

スプリット・スクワット

正しいパターンの
習得と定着

　アセスメントでも挑戦してもらったスプリット・スクワットですが、ここでは前ページの注意点を守りながら練習してみましょう。習得にあたっては、コントロールを効かせながらゆっくり下降し、最も低い位置でいったん停止すると、動きの感覚がかなりつかみやすくなります。また、同じ姿勢を比較的長い時間保たなくてはならないので、安定性に寄与するより小さな筋群が強化されます。

■ 立った状態から、足を大きく一歩踏み出します。両足は一直線に揃えるか、わずかにずらします。

■ そのまま後ろ足のかかとを持ち上げると、実質的にヒップヒンジになり、前傾姿勢がつくられます。胴体を垂直に保つよう指示するのは、よくあるコーチング上の誤りです。

■ 胴体の筋肉を引き締め、脊椎をニュートラルに保ちます。

■ 両脚の膝を曲げ、腰を落とします。まっすぐ下に落ちる動きをイメージしましょう。

■ 前脚の脛は垂直に立て、膝が前に出ないようにします。

■ 前脚と後ろ脚の膝の角度は、90度を目指しましょう。

■ 上記の注意点を守りながら、最初のポジションに戻ります。

■ 説明したようなポジションをとれない人は、前足の母指球の下にハーフフォームローラーを置くとやりやすくなります。正しいポジションになっているかどうかを確認するには、「スプリット・スクワットからスクワットへの移行テスト」をしてみましょう。スプリット・スクワットで最も低い位置まで腰を落としたら、そのまま身体のポジションを変えずに、後ろ足を前に出して通常のスクワットへ移行できるでしょうか。身体のポジションを大きく変える必要があったり、どうしても足を前に出せなかったりする場合は、元々のポジションに問題があったと考えられます。

スプリット・スクワット
からスクワットへの移行

ウォーキング・ランジ

　スプリット・スクワットのバリエーションとして広く提案されているのはウォーキング・ランジですが、これは大多数の人々にとって適切なエクササイズではありません。というのも、この動的なバリエーションは、スクワットのフォームや技術の質を落とすことが多いのです。それはなぜかを説明しましょう。第一に、大股で歩くと股関節が過度に前に出やすくなり、最適なヒップヒンジの技術を保ちづらくなります。ウエイトトレーニングに励む人の多くが、足を踏み出したときに膝や腰の痛みを訴えるのはそのためです。第二に、ウォーキング・ランジや（前方または後方への）ステッピング・ランジには、修正や微調整がかなりしづらいという欠点があります。動作の速度が速すぎて、フォームを細かく調整することができないのです。足を固定したランジの場合は、コントロールを効かせてきちんと行えば、メカニズムに磨きをかけつつ調整することが可能です。そして第三に、多くの人々にバランスや安定性が欠けていることも指摘しなくてはなりません。股関節、足、足首の動かし方に問題があると、ウォーキング・ランジは逆効果になり、スクワットの技術を低下させてしまいます。この場合は関節の補償動作に頼り、足の開き幅を調整することで、どうにかバランスを維持するしかありません。しかし、適切なランジの技術を身につけ、動きの妨げとなる要素をすべて排除した後ならば、ウォーキング・ランジをトレーニング計画に組み込んでも問題ないでしょう。そればかりか、このエクササイズならではの効果も期待できるかもしれません。

ローデッド・スプリット・スクワット

　さまざまな方法でウエイトを持つことで、基本的なスプリット・スクワットに負荷をかけられます。他のエクササイズと同様に、負荷が高まるとともに筋神経筋系への刺激も強まり、トレーニング効果も大きくなります。

- ■ 理想的なのは、ダンベルを手に持って負荷をかけることです。経験的にも、この方法はスクワット技術の向上に効果的です。
- ■ ゴブレット・スクワットのように、ダンベルやケトルベルを胸の前で持ってもよいでしょう。その場合は正しいスプリット・スクワットの姿勢をとり、地面に対して垂直になりすぎないよう気をつけましょう。

正しいパターンの
習得と定着

リア・フット・エレベーテッド・スクワット

スプリット・スクワットのもう1つの応用編は、リア・フット・エレベーテッド・スクワット、別名ブルガリアン・スクワットです。後ろ足を上げると前足にかかる負荷が増え、必然的に前脚の筋肉が稼働する量も増えます。動作に負荷をかけるための道具が手に入らないときには、便利なエクササイズと言えるでしょう。

■ 技術的には、前述のスプリット・スクワットと同じ動作なので、同じ注意点に気をつけて進めましょう。
■ 成功の鍵を握るのは、後ろ足を正しく上げられるかどうかです。ほとんどの人は高く上げすぎてしまい、姿勢が崩れやすくなります。理想的な箱の高さを決めるには、身長や手足の長さといった多くの要素が関わってきますが、正しく動ける高さを一番の基準にしてください。経験的に言えば、大半の人に適しているのは約30〜40cmの高さです。
■ 動きを完全に習得できたら、ダンベルを手に持つなどして負荷をかけても構いません。

以上3つのエクササイズは、5回3セットを行って動作を習得します。1回につき、4秒間かけて下降し、最も低い位置で2秒間停止した後、コントロールを効かせながらウエイトを持ち上げましょう（7〜8 RPE）。これに慣れたら、セットと回数を調整し、よりダイナミックな構成に変えることができます。通常のスムーズなテンポで、コントロールを効かせながらウエイトを持ち上げます。これを10回3セット行いましょう（7〜8RPE）。

正しいパターンの
習得と定着

胸椎

サポートを利用しない状態でのコントロール能力：プレスアップの改善

　プレスアップは派手さにかけるという理由で、ひどく過小評価されているエクササイズです。ジムに通う人の多くは、ウエイトトレーニングを始めて早々にプレスアップを中止し、代わりにベンチプレスやそのバリエーションに夢中になる傾向があります。上半身を特に大きくしたいなどの目標があれば別ですが、そうでない場合は、プレスアップが非常に役に立ちます。正しく行えば、さまざまな効果が期待できるでしょう。

　プレスアップ中に脊柱を安定させる上では、腹筋が重要な役割を果たします。特段他の筋肉運動が必要なくなるため、時間を大きく節約することにもつながります。

　プレスアップは、クローズド・チェーン・エクササイズに該当します。手と足を床に固定しているために、手足が同時にうまく動かないと姿勢が崩れてしまいます。これに対してオープン・チェーン・サポーテッド・エクササイズでは四肢を自由に動かせるので、問題となる動かし方をしやすくなっています。

　プレスアップはやり方を変えるだけで、胴体と上半身のさまざまな筋肉に強い負荷をかけられます。例えば、片手をメディシンボールの上に置いて行えば、腹筋を大いに鍛えてくれます。クラッピング・プレスアップは、胸部、腕、肩に爆発的な動作を行うための筋力があるかどうかを試すテストとして適しています。

　道具を必要とせず、どこでも行えることも利点です。

▼昔ながらのプレスアップは、適切に行うことで驚くほどの効果と汎用性を発揮する。

プレスアップに起こりがちな問題

アセスメントの段階でプレスアップに苦戦した、あるいは1度も成功できていないという人は、1つまたは2つの部位に問題を抱えている可能性があります。

そうした人のプレスアップを上から観察すると、腕と胴体が矢じり形ではなくT字形になっています。この姿勢は良くありません。なぜならT字形になっていると、体勢を最も低くしたときなどに肩への過剰な負荷がかかり、結果的に痛みや炎症が出やすくなるからです。

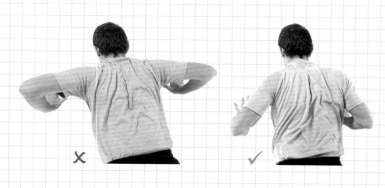

動作中に股関節が沈みやすく、それによって脊柱に不適切な負荷がかかるという問題も見られます。これは、胴体のポジショニングについての意識が欠けていることや、胴体を安定させる筋力の不足が原因だと考えられます。

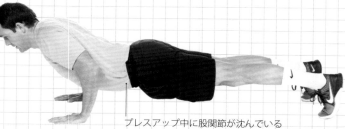

プレスアップ中に股関節が沈んでいる

以下に示したのが、完璧なプレスアップを行うための注意点です。

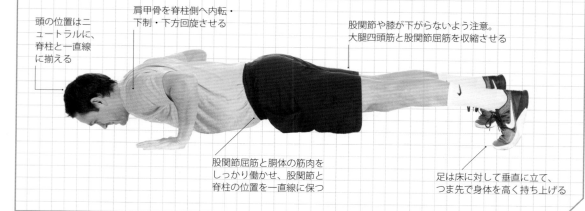

頭の位置はニュートラルに、脊柱と一直線に揃える

肩甲骨を脊柱側へ内転・下制・下方回旋させる

股関節や膝が下がらないよう注意。大腿四頭筋と股関節屈筋を収縮させる

股関節屈筋と胴体の筋肉をしっかり働かせ、股関節と脊柱の位置を一直線に保つ

足は床に対して垂直に立て、つま先で身体を高く持ち上げる

プレスアップ・プランク

正しいパターンの
習得と定着

プレスアップ・プランクを習得すると、全身が一直線になって筋肉が強化され、まっすぐで力強いプレスアップのポジションを保てるようになります。

■ プレスアアップの指導にあたって説明したポイントをすべて守りながら、身体を持ち上げます。

■ 指定された秒数、あるいはフォームが崩れるまで、そのポジションを維持しましょう。

■ 足の下にフォームローラーを置いてみると、自然に最適な姿勢になります。

秒数を少しずつ延ばし、最終的には2分間保つことを目標にしましょう。始めたばかりでうまくいかない場合は、30秒の短い休憩を挟みながら30〜60秒間のセットを2〜3セット行い、このエクササイズに必要な筋力を高めていきましょう。プランクな姿勢を最も長く維持できた時間を定期的に数え、それに応じて目標の秒数を変えていきます。ただし、フォームが崩れた時点でセットは必ず終了しましょう。

インクライン・
プレスアップ

正しいパターンの
習得と定着

アセスメント中でも説明したとおり、プレスアップの難易度を下げるのであれば、膝をつくよりもインクライン・プレスアップを行ったほうがはるかに有益です。膝をついてしまうと、適切な姿勢や動作パターンがうまく身につかないからです。フル・プレスアップに必要な筋力やコントロールが不足している場合でも、プレスアップ・プランクで姿勢をまっすぐにできるようになったら、このエクササイズを利用して動作パターンを学んで構いません。

■箱、ステップ、または階段に両手を置いてプレスアップの姿勢をとります。

■支えの高さが高ければ高いほど、身体を持ち上げるための負荷が減ります。調整して、自分の能力に最適な高さを見つけましょう。

■姿勢をまっすぐに保ちながら身体を下げ、今度は支えを前に押し出すイメージで最初のポジションに戻ります。

これを10回3セット行いましょう。慣れてきたら、支えの高さを次第に低くすると、動作がフル・プレスアップに近づいていきます。

ネガティブ・プレスアップ
（バンドでの補助つき）

プレスアップのポジションとパターンが習得できたら、いよいよ床に手をついてみましょう。プレスアップ・プランクとインクライン・プレスアップにこのエクササイズを追加すると、相互効果によって、フル・プレスアップに必要な筋力と動作パターンが鍛えられます。

ネガティブ・プレスアップは、パートナーと一緒にバンドを使って行うこともできます。このバリエーションの目的は2つあります。胴体の位置を把握するた

めのフィードバックを受けることと、身体を持ち上げきるまでパートナーに補助してもらうということです。

（正しいパターンの習得と定着）

- プレスアップ・プランクの要領で身体を持ち上げ、プレスアップのポジションになります。
- コントロールを十分に効かせ、身体をまっすぐに保ちながら、体勢を下げていきます。
- 膝が十分に下がったら、最初のポジションに戻って繰り返します。
- パートナーと一緒に行う場合は、自分の股関節の周囲にバンドを巻き、そのバンドを近くに立っているパートナーに持ってもらいましょう。

これを10回3セット行います。

フル・プレスアップ

これまでのエクササイズを通じて準備を整えたら、自分に最適なタイミングでフル・プレスアップに進みましょう。

- 床に両手をついて、身体を持ち上げます。
- プレスアアップの指導にあたって説明したポイントが守られ、身体がまっすぐになっていることを確認できたら、体勢を下げていきます。
- コントロールを効かせつつ、胸が床から拳1つ分ほどの距離に近づくまで、体勢を下げます。
- まっすぐな姿勢を保ちながら、床を押すようにして最初のポジションに戻ります。
- 同じ動作を繰り返します。

これを10回3セットを目安に行いましょう。
1回しか成功できなかった場合は、もう1度チャレンジしてから、残りの回数はネガティブ・プレスアップまたはインクライン・プレスアップの方法で行っても構いません。セッションごとに、フル・プレスアップに成功できた回数が増えていけば理想的です。

（任意）サポートを利用しない状態でのコントロール能力：インバーテッド・ローの改善

　インバーテッド・ローは、上背部の筋力向上に適したエクササイズであり、サイクリストの乗車姿勢を改善するのに役立ちます。見方によってはプレスアップに似ているこのエクササイズは、正しく行うことで、胴体の安定性と、身体後部の筋肉の連動性を高めてくれます。またプレスアップと組み合わせると、拮抗筋群を鍛えてくれるので効果的です。

　インバーテッド・ローとプレスアップは基本的に同じ技術であり、同じ注意事項を利用できますが、身体は互いに逆方向に動きます。私たちの見たところでは、最初にプレスアップの技術を身につけてから、インバーテッド・ローに進んだほうがうまくいくようです。

　インバーテッド・ローを行うときは、特定のサスペンション・トレーニング装置（TRXなど）か、あるいはバー付きのラックを必要とします。そのため、アセスメントにおいてはオプション扱いになりますが、装置さえ準備できれば大いに取り組む価値があるエクササイズです。スクワットからスプリット・スクワットへの移行と同じく、プレスアップの技術を習得した上でインバーテッド・ローに進むのは、通常そう難しくありません。したがって、改善エクササイズはたった数種類しかありませんし、どれもトレーニングらしさを感じられるものばかりです。

　インバーテッド・ローのすべてのバリエーションでは、リングやバーを極端に引っ張らないことが大切です。多くの人は、引けば引くほど効果的なのだと考えがちですが、かえって問題につながることもあります。強く引くことで上腕骨頭が前にずれ、肩関節に不要な動きが生まれると、炎症や痛みが出やすくなるのです。引く動作をするときは、必ず肩関節の位置を適切に保ち続けましょう。

スケールド・インバーテッド・ロー

プレスアップは、上半身の位置を上げて動作の角度を変えるとやりやすくなりましたが、インバーテッド・ローでもそれと同じことができます。インバーテッド・ローの場合も、身体が水平に近づくほど難易度が上がります。

■ 身体と床がおよそ45度の角度になるように、インバーテッド・ローの準備をします。
■ この角度を保ちながら、7〜8RPEで10回行います。
■ これを3セット達成できたら、身体の位置を下げ、同じプロセスを繰り返します。
■ 足首の後ろにフォームローラーを置いてみましょう。こうすると足が背屈しやすくなり、身体前部の筋肉全体が引き締まるため、身体の正しいポジションを維持するのに役立ちます。

スケールド・インバーテッド・ローは、アセスメントで説明したインバーテッド・ローの手順に従って、10回3セットを7〜8RPEで行います。

正しいパターンの
習得と定着

45度の角度

フォームローラーを使った例

フィート・エレベーテッド・インバーテッド・ロー

足を上げることで、インバーテッド・ローの難易度を上げたエクササイズです。

- ■ ボックスまたはステップを使って、足を上げます。
- ■ フォームと力強いポジションを保てているかどうか、しっかり確認しましょう。

10回3セットを7〜8RPEで行うことを目標にしましょう。

正しいパターンの
定着

ローデッド・インバーテッド・ロー

上級編として、インバーテッド・ローに負荷を追加します。このエクササイズは胴体と上背部の筋肉に働きかけるため、姿勢を保ち、理想的なポジションに導いてくれます。

- ■ 通常のインバーテッド・ローと同じように準備してから、腹の上にプレートを置きます。
- ■ 腹部がウエイトの重さで沈まないよう注意して、フォームとポジションを保ちます。

10回3セットを7〜8RPEで行い、そこから負荷を増やしていきましょう。

正しいパターンの
定着

空力の向上 ②

第1章では、可動域の問題に取り組むことで、バイクの上でのエアロポジションを改善する方法を説明しました。現在の第4章、そしてさらに高度かつ負荷を使ったエクササイズに進む第5章では、可動域に加えてポジションを維持するためのストレングス、そしてパワーをペダルに伝えるために必要な安定した身体基盤を築きます。

「空力の向上①」（88ページ）で概説したとおり、骨盤を前傾させる能力があれば、背中を平らにした理想的なエアロポジションをとることができます。ただし、この姿勢をとるだけでは不十分で、維持できなければ意味がありません。そこで必要になるのが、プランクやサイドプランクといった、胴体の筋力と安定性を高めるエクササイズです。さらに骨盤上での股関節の位置を安定的に保つため、臀筋全体を鍛えるエクササイズも欠かせません。

首をうまく伸展させるためには、肩の良好な可動域だけでなく、一定のコントロール能力と筋力も必要です。コースを見渡しやすくなりますし、肩をすくめたまま（上げたまま）の乗車姿勢を保てるようになるので、空力性能も高まります。また、エアロポジション時に負担を支えるのも肩です。しかし、上半身のコンディショニングはおろそかにされがちなため、ほぼすべてのサイクリストがこの部位に問題を抱えています。肩や上腕三頭筋のコンディショニングが不足していると、頭がぐらつき、首に痛みが生じます。この痛みや張りを和らげるため、サイクリストの頭は絶えず動き、姿勢が崩れます。頭を動かすたびに、あるいはエアロポジションが崩れるたびに、時間のロスになることは言うまでもありません。上半身の弱さは、動力源である臀部や股関節にも連鎖的な影響を及ぼします。上半身が疲労して姿勢を維持できなくなると、サドルの上で身体を前後させ、腕や肩にかかる圧力を軽減しようとします。この前後に動いている間に貴重なパワーを無駄にしてしまうのです。プレスアップやインバーテッド・ローとその応用といったプランク動作は上半身の筋力向上に効果を発揮します。

エアロポジションはサポートを利用した静的なポジションと捉えることができるため、同様にサポートを利用した状態でのコントロール能力を高めるエクササイズによって、かなりの進歩を見込むことができます。サポートを使わない可動域内でのコントロール能力を向上させるエクササイズ、例えばスクワットなども、主要な関節や筋肉をしっかりコンディショニングしてくれるため、エアロポジションの維持に効果があるでしょう。ただし、実際にエアロポジションで自転車に乗り、その姿勢に慣れる重要性を無視することはできません。サポートを使わない状態でのコントロール能力向上のためのエクササイズまで到達していない、あるいは到達できていない場合は、サポートつきのエクササイズを今しばらく続けましょう。いずれその効果は乗車姿勢に表れ、パフォーマンスも向上するはずです。

◀上半身および胴体を鍛えて動作性を高めると、エアロポジションがとりやすくなる

本章のまとめ

スケジュールを立てる　このレベルでは、エクササイズの内容も本格的なトレーニングにかなり近づいていきます。特にウエイトを使ったエクササイズを始めるときには、よく検討し、これまでと違うアプローチから予定を組まなくてはなりません。この段階では、オフバイクトレーニングがサイクリングトレーニングに激しく悪影響を与える場合があります。また逆に、サイクリングトレーニングがオフバイクトレーニングの効果を低下させる場合もあります。その点を考慮して、本章冒頭のガイドラインに従い、オフバイクトレーニングに集中する時期を年内のどこに設けるか決めましょう。具体的には、サイクリングトレーニングの量や強度が落ちる時期に合わせるのがお勧めです。

RPE　プロのアスリートではない一般の人々にとって、最大筋力に対する比率は明確なトレーニング指標にはならず、危険につながりかねません。そこで私たちが代わりに使用するのは、シンプルなRPEスケールです。RPEを使えば、個々の能力に合ったセット数や回数を明確に決めることができる上、身体意識も高まります。

スクワット　ストレングス強化のためのメニューを取り入れた自転車トレーニングの本に目を通すと、そこにはほぼ必ずスクワットが含まれています。スクワットは間違いなく効果的なエクササイズです。しかし本書の読者である皆さんは、それが複雑な動作であることもすでに理解できているでしょう。サイクリストの大多数はジムに通い、なんの気なしにウエイトを使ったスクワットに励んでいますが、それは自分を壊そうとしているようなものです。トレーニング計画がこの段階に達したら、スクワットに時間をかけて取り組みましょう。正しくスクワットできているということに100%の自信がもてるまでは、焦って負荷をかけてはいけません。

TAKING IT FURTHER

挑戦しよう

改善のために必要なエクササイズを通じてアセスメントに合格し、第4章中でも上級レベルのエクササイズに日常的に取り組むようなあなたの現在のコンディショニングのレベルは、多くの一流レベルのサイクリストをも上回っているはずです。

オフバイクコンディショニングをさらに続けたい人のために、この章ではより高度なトレーニング計画の立て方を概説し、関連したエクササイズをいくつか紹介します。プログラムやセッションの構成に関する重要な情報を載せていますので、この段階でのオフバイクトレーニングにはまだ早いという人も、ぜひ本章に目を通してください。

たとえこのレベルに到達していなくても、心配したり自分を責めたりせず、ひたすらトレーニングを続けましょう。現実的には、サイクリング、日常生活、遺伝、傷病歴などの複合的な要素がハードルとなり、選手の中にも特定の動きを苦手としている人は少なくありません。たとえ高いレベルのエクササイズになか

なか進めなくても、現状の能力を維持しながら弱点のある部位を集中的に鍛え続ければ、自転車に乗っているときにもそうでないときにも役立つ頑健な身体をつくることができます。ここで、再びこの本で最初から強調してきたポイントに立ち返ることになります。自転車競技のためのコンディショニングメニューは、個々の選手の必要性に応じてつくられるべきだということです。

▼プロ選手でも、これほど高いコンディショニングレベルに達している人は少ない。したがって必ずしも本章のエクササイズに進まなくても、健康的で優れたライダーになることは可能だ。

計画を立てる

オフバイクトレーニングの予定の立て方について
は、すでに第4章でいくつかのガイドラインを示しま
した。このトレーニングの中には負荷がかなり大きい
エクササイズも含まれるため、予定を立てるときには
自転車でのパフォーマンスやトレーニングに与える
影響も考慮しなくてはなりません。前章までに紹介し
てきた高いレベルの動作改善エクササイズから、さら
に進んでこの章で紹介するより一層高度なオプショ
ンに取り組む場合、全体のトレーニングプラン中でオ
フバイクトレーニングをどうやって組み入れていく
のか、より構造的なアプローチが必要とされます。

詳細にトレーニング計画を立てることは、時間がか
かっても非常に大切なプロセスです。特定のトレーニ
ングブロックごとに目標や期待する結果を決めてお
くことで、自転車を使うトレーニングと自転車を使わ
ないトレーニングの干渉を最小限に抑え、それぞれの
効果を最大限に高めることができます。ペンと紙を用
意し、トレーニングブロックで何に集中するのかを決
めておくことがパフォーマンス向上の力強い後押し
になるのです。本書において、トレーニング計画作成
のための高度な手法について詳しく説明することは
しませんが、紹介する比較的シンプルなガイドライン
に沿うことで、自身でトレーニング計画を改善してい
くことができるはずです。ただし忘れないでもらいた
いのは、いくら計画が重要とはいっても、計画は実際
のトレーニングの代わりにはならないということで
す！ 皆さんも学生時代に、入念なスケジュールを立
てて満足し、試験に備えて実際に復習することを先延
ばしにした経験があるのではないでしょうか。トレー
ニングでも同じことにならないようにしましょう。

必要なことは何か

第一に考えるべきは、自分が何を達成しようとして
いるのか、その実現には何が必要なのかです。グレー
ト・ブリテン・サイクリング・チームでは、「勝つた
めに何が必要か？」という問いかけが、すべての行動
を決めます。例えば「チームパシュートの選手に金メ
ダルを取らせる」といった目標を設定したら、目標達
成のために選手が必要とする時間を計算し、その結果
をもとに、選手が必要とするパワーを計算します。次
に、どれだけの時間的余裕が残されているかを検討
し、それを踏まえてチームを理想的なレベルまで引き
上げるためのトレーニングプランを提供します。あな
たもその年の大きな目標を決めたら、同じ手順で計画
を立てる必要があります。経験的には、人間の身体に
実質的な変化が起きるまでには、およそ8～12週間か
かります。可能であればこのことを念頭に置きつつ、
どの時期にどのトレーニングに集中すべきかを決め
るといいでしょう。

年間のトレーニング計画

TASMT、ストレッチ、そしてパターン習得のため
のエクササイズの一部は通年行うことが可能です。過
度の疲労の原因になることも、自転車の競技力へ大き
な影響を与えることもありません。したがってこれら
のエクササイズはシーズンを通して、また主要なレー
スの前後にも続けることができます。ただし、第4章
の後半と本章で紹介する強度の高いエクササイズは、
自転車のパフォーマンスがそれほど重要でない時期、
例えばオフシーズンなどに集中して行うべきです。

レースに向けて

重要なレースを控えている時期には、テーパリング
に伴って自転車でのトレーニングを徐々に減らして
いくのと合わせて、オフバイクトレーニングも徐々に
減らします。通常は、レースの14～28日前からトレ
ーニング量を減らしていきます。テーパリングに最適
な期間や方法はさまざまな要素に依存し、アスリート
ごとに大きく異なるため、試行錯誤が必要になるでし

ょう。ただし負荷を使ったストレングストレーニングについては、レースの7〜10日前にすべて中止するのが普通です。

　例えば、週2回セッションを行っていた人がレースに向けてテーパリングを行うとしたら、次のような方法が考えられます。

- まずは3週間、ストレングストレーニングのセッションを週1回に減らします。すると負荷は半分となりますが、この程度がちょうど研究でも推奨されている減少幅です。強度は少なくとも維持し、場合によっては（例えばより重いウエイトを持ち上げるなどして）増やしてもいいでしょう。
- 次の2週間では、各エクササイズを3セットから2セットにしてストレングストレーニングの量をさらに減らしていきます。
- 最後の1週間は、ストレングストレーニングを完全に中止します。

▲大事なレースを控えた時期には、オフバイクトレーニングをテーパリングの一部として減らしていく必要がある。

　先ほど述べたとおり、最適なテーパリングの方法は人によって大きく違います。ですからレース後には、自分のパフォーマンスとそれに寄与した要因を検討し、その結果に応じて次のレースまでの計画を調整することが大切です。

　まずは全体の大まかな計画として、あなたの1年を8〜12週間の適当なブロックに分けてみましょう。この作業を終えると、自転車を使う・使わないトレーニングの両方で何に力点を置くかを決めつつ、段階的な計画を詳しく立てることができます。

　テーパリングには多くの方法がありますが、大切なのは自分の納得のいく方法で、自分の計画を信じて行うことです。ガイドラインとしては、より一般的なコンディショニングから始め、レースが近づくにつれメニューの競技に対する特異性を増やしていくとよい

でしょう。例えば週6回セッションを行う人なら、最初の3週間はそれらのセッションを自転車のワークアウト3回とストレングスセッション3回に均等に分けます。サイクリングを重視したい場合は、自転車のワークアウト4回とストレングスセッション2回という分け方でも構いません。いよいよレースが近づいてきたら、オン・オフバイクのトレーニング量をどちらも減らしていき、オンバイクワークアウト3回とオフバイクワークアウト1回とします。レースの種類が変われば、トレーニングの量だけでなく、トレーニング中で重視する項目もブロックを通して変えていく必要があります。例えば、タイムトライアルに向けてトレーニングするなら、ロードバイクを使った一般的なコンディショニングから始め、次第にタイムトライアル用バイクでの実戦的かつ強度の高いトレーニングへ移行していきます。このときに負荷の高いサイクリングワークアウトの妨げとならないよう、オフバイクトレーニングも同時に減らしていくと効果的です。一般的なフィットネスとコンディショニングの土台を固めた後、レースごとに必要な能力のトレーニングに焦点を絞っていくというこの流れは、どのトレーニングでも使える方針となっています。これは、家を建てることにも似ています。上の階や屋根がどれほど見事につくられていたとしても、しっかりした基礎がなければ、やがてその家は崩れてしまいます。

週の予定とセッション構成を決める

本書をこの段階まで読み進めていれば、アセスメントの手順にもすっかり詳しくなっているはずです。アセスメントを定期的に見直す方法や、強化すべき部位を見極めて再テストする方法についてもよく理解しているでしょう。一度すべてのテストに「合格」でき

◀全般的なコンディショニングの土台をしっかり固めた後、レースに応じた特定の目標に焦点を合わせる。

たとしても、自転車を使ったハードなトレーニングや長時間のドライブなどの要素が重なると、改善のためにオフバイクエクササイズが必要になります。ウエイトを使った高度なトレーニングに進む前にも、同様に復習が必要なことがあります。

毎日のセッションのためのガイドライン

自分に一番必要なエクササイズを選んで毎日のセッションに取り入れましょう。日々続けるために、セッションはごく短いものでなくてはなりません。

■1日の中で何度も行うような短時間のセッション（マイクロセッション）を利用しましょう。
■スケジュールに応じて、時間のかかるセッションを1つ取り入れてもよいでしょう。
■TASMTやストレッチを中心にメニューを組みましょう。
■アセスメントを簡単に改善させてくれる（あなたが最も大きな効果を感じられる）エクササイズを選びましょう。
■エクササイズを続けながらアセスメントを繰り返し、身体に変化が起きているかを確認しましょう。
■日ごとに違うエクササイズを行っても構いません。
■セッションはトレーニングの前後など1日の好きな時間に行いましょう。夕方、テレビを見ながらでもよいのです！

ストレングストレーニングのためのガイドライン

第4章で示したストレングストレーニングに関するガイドラインでは、強度の高いエクササイズを伴うセッションを、どうやって計画中に組み込むかという指針を示しました。エクササイズの難易度が上がって負荷が増し、純粋な筋力向上に目標が移っていくにつれて、新たなガイドラインを追加する必要が出てきます。

- トレーニングブロックで重視する内容、トレーニングの時期、レースまでの時間的余裕を考慮しながら週に2〜3セッションを行いましょう。
- セッションとセッションの間は、なるべく48時間を確保しましょう。
- 持久系トレーニングとストレングストレーニングがなるべく干渉しあわないよう、第4章のガイドラインを参照しましょう。
- 各セッションには、ヒンジ、スクワットまたはスプリット・スクワット、プレス、プルのほか、胴体のエクササイズが含まれていれば理想的です。
- あくまでも自分に合ったエクササイズを選びましょう。単に高度なオプションを選ぶだけではいけません。
- うまく動くための準備として、TASMTやストレッチの時間を改めて設ける必要があるかもしれません。
- レベルはエクササイズごとに、または部位ごとに違っている場合もあります。例えば、スクワットとヒンジでは負荷をかける段階でも、プレスアップやインバーテッド・ローではパターンの習得に励んでいるという状況がありえます。動きのレベルは常に変動し、これをトレーニング中で吸収するのが目標ですから、気にすることはありません。

セッションの構成

　各セッションは、ヒンジ、スクワット／スプリット・スクワット、プレス、プルで構成されるのが理想的です。時間に余裕がある場合は、胴体まわりのトレーニングを加えてもよいでしょう。

　最も難しいと感じるエクササイズを最初に行います。最大限の集中力と体力をそのエクササイズに注ぐことができるからです。自分の弱点から優先して強化していくと、その動作から最大限のトレーニング効果を得るのと同時に、全体的な肉体的・精神的疲労も軽減されます。

　例えば、ヒンジとプレスアップを苦手にしている人は、次のような順番で行いましょう。

1. ローデッド・ヒンジ
2. プレスアップ
3. ゴブレット・スクワット
4. インバーテッド・ロー

　あるいは、スクワットとローを苦手にしている人なら、次のような順番でもよいかもしれません。

1. ゴブレット・スクワット
2. インバーテッド・ロー
3. ローデッド・ヒンジ
4. プレスアップ

　ウエイトの重さは、RPEスケールを利用して決めましょう。具体的には、7〜8RPEの範囲を維持するようにしてください。筋力が向上すると、RPEを維持してトレーニングを続けるにはより重いウエイトが必要になります。ただし、負荷をかけた状態で指定されたセットを完了することだけが大切なのではありません。良いフォームを保ちながら行うことが重要です。

　トレーニング間できっちりと回復することは重要です。たいてい持久系のアスリートは休むのが苦手で、可能な限りトレーニングセッションを詰め込むことがベストだと考えます。一般的には次のセットで全力を出し切り、トレーニングの高い質を保つことができる程度に回復時間を取るべきです。筋力を高めたいなら、各エクササイズのセット間で通常2〜3分は時間が必要でしょう。選手として成長するにつれて、回復時間を延ばさないと同レベルの力を維持できないかもしれません。トラック競技の一流スプリンターの中には、負荷の高いスクワット間で5分休む選手もいます。

　回復時間を長くとることの欠点はトレーニング時間が長引くことです。トレーニングのために一日中使えるようなプロ選手でもない限り、これはかなり問題となりえます。時間をうまく管理するためには、身体のさまざまな部位に負荷をかけるエクササイズをセットで行うことがポイントです。例えば、スクワットとインバーテッド・ローはうまく組み合わせることができますし、ヒンジとプレスアップも組み合わせても相性は良いでしょう。このような組み合わせでトレーニングを行うことで、比較的回復時間を少なめに設定しても、トレーニングのレベルを高く保ち、時間効率

▼持久系アスリートは忘れがちだが、エクササイズの間に適切な回復時間を確保することは、セット数や回数を守ることと同じくらい大切だ。

よくプログラムを進めることができます。スクワットのセットを行って90秒休み、次にインバーテッド・ローのセットを行って、また90秒休むといった具合です。このようにして全体のトレーニング時間と疲労をうまく管理しつつ、同一部位のトレーニング間での回復時間はそれなりに長いまま保つことができます。

　第4章で紹介した最も難しいレベルのエクササイズをそれなりの負荷で実行できるようになった段階で、そこから先どうやってトレーニングを進めていくか、選択肢があります。1つ目は、強度と量だけを調整して、今までのエクササイズを続けるというもの。そして2つ目は、以下で説明する発展課題に挑戦することです。

　この2つの間に良し悪しはありません。この本の全体的な方針としては基本を最大限に高めることです

から、10回中9回は最初のオプションを勧めます。ただし、容易にそうできないような状況や、新しいエクササイズに挑戦したいという人もいるでしょう。例えばスクワットのために、一定の重さのウエイトしか手に入らない場合や、脚で挙げられる重量を手のほうで握力が足らずに保持しきれないといった状況です。単にトレーニングへもう少し変化を加えたいという人もいると思います。

回数とセット数

第4章で紹介したエクササイズの一部では、回数、セット数、ウエイトを持ち上げるテンポを以下のように2段階に分けて説明しました。

4秒間かけて前傾し、最も低い姿勢で2秒間停止した後、コントロールしながらウエイトを持ち上げます。これを1回として、5回3セット行いましょう（7〜8RPE）。

通常のスムーズなテンポで、コントロールを効かせながらウエイトを持ち上げます。これを10回3セット行いましょう（7〜8RPE）。

これは、本章で紹介する高度なエクササイズでも広く適用できるやり方です。このルール内で負荷を増やしても成長できなくなる段階に達するまでは、変更する必要はありません。

この比較的単純な回数ルールを適用して限界まで成長したら、ストレングストレーニングの効果を継続して得るために、セッションのボリュームと負荷を調整するとよいでしょう。その方法の1つは、低負荷のトレーニングを高いボリュームで行う時期と、高負荷のトレーニングを低いボリュームで行う時期を分けることです。この方法は、漸進性の原則や過負荷の原則といったトレーニングの原則を忠実に守るもので

あり、研究でも十分に裏付けられています。

基本的なアプローチとしては、特定の回数とセット数で3週間ずつトレーニングを積み、その過程で負荷を増やしながら、ボリュームは少しずつ落としていきます。以下に示したのがその例です。RPEを理想的な7〜8の範囲に保つためには、回数が減るにつれ負荷を増やしていく必要があります。

1〜3週目：10回×3セット
4〜6週目：8回×3セット
7〜9週目：6回×3セット
10〜12週目：4回×3セット

この別バージョンとして、少し違った手法をとることもできます。回数を徐々に減らしながらウエイトの重さを増やしていくのではなく、3週間ごとに内容を大きく変えるのです。こちらの手法は、ストレングストレーニングに豊富な経験を持ち、大きな変化にうまく対応できるアスリートに有効であることがわかっています。

1〜3週目：10回×3セット
4〜6週目：6回×3セット
7〜9週目：8回×3セット
10〜12週目：4回×3セット

▶オフバイクコンディショニングにしっかりと時間をかけることで、オンバイクとオフバイクの両方において、快適さ、パフォーマンス、楽しさが向上する。

高度なエクササイズ

　これらのオプションは全てをカバーするものではありませんが、サポートを利用しない状態での上半身コントロール能力改善のためのトレーニング応用編、もしくは変化版となっています。特に注記がなければ、先ほど説明した回数およびセット数に従って進めてください。

　身体の片側を動かすエクササイズ、例えばシングル・レッグ・ヒンジ、シングル・アーム・ロー、サイド・プランクなどでは、両側を行った後で回復時間をとりましょう。

ヒンジ

スプリット・スタンス・ヒンジ

　スプリット・スタンス・ヒンジは、片脚にかかる負荷が増えるのと同時に、股関節と胴体により安定性が要求される、単純ながら難しい動作です。両足をついたヒンジを習得したものの、片脚でのヒンジで大きな負荷をかける準備ができていない人に良い選択肢です。使っている負荷が減りすぎるとトレーニング効果が現れない場合もあるので、通常のヒンジも必ず続けましょう。

- 通常のヒップヒンジの姿勢をつくります。
- 片足を1歩後ろに引きます。
- 後ろ足は支えとして使うだけで、負荷はかけません。
- できるだけ前脚に負荷がかかるよう意識しながら、通常のヒップヒンジを行います。
- 脚を交代して繰り返します。

シングル・レッグ・ヒンジ

　シングル・レッグ・ヒンジは、習得が簡単ではないものの重要なエクササイズです。他のヒンジと同様に行いますが、立っている片脚にかかる負荷がさらに増し、足から足首にかけての筋肉群が強化されます。

■ スプリット・スタンス・ヒンジの姿勢をつくってから、後ろ脚を完全に持ち上げます。

■ 後ろ脚はまっすぐ伸ばすのではなく、90度の角度になるように曲げましょう。

■ 可動域を無理に超えて動くのはやめましょう。フォームと脊柱の位置を良好に保つことのできる範囲で動くようにしましょう。

■ 広背筋を引き締め、肩を背中に引き寄せることにより、脊柱の位置を維持します。

■ ウエイトを持って行う場合は、ウエイトまたは後ろ脚が地面につかないよう注意しましょう。

ケトルベル・スイング

　動作の速度を上げると、腰回りや胴体の筋肉がより反射的に働くようになるため、単に負荷を増やしたり、支えを減らしたりするのとは異なる方法でヒンジの難易度を上げることができます。このスイングエクササイズでは、腰をダイナミックにヒンジします。使うのはケトルベルが最適ですが、ダンベルまたはハンドル付きのプレートでも構いません。

- 両足を肩幅ほどに開いてその間にケトルベルを置き、しゃがんで持ち上げます。
- そのまま前方にヒンジしながら、脚の間を通るようにケトルベルを後方にスイングし、かかとに体重をのせます。
- 勢いよくヒンジから起き上がり、ケトルベルを肩の高さまで持ち上げます。
- 腕が最も高い位置まで上がったら、ブレーシングしながらコントロールを効かせつつケトルベルを振り下ろし、最初の姿勢に戻ります。

このエクササイズは、5回3セットのゆっくりしたテンポには合わないため、10回3セットで行いましょう。

スクワット／スプリット・スクワット

ケトルベル／ダンベルスクワット・ウィズ・バンド

スプリット・スクワットとそのバリエーションまで含めたほぼすべてのスクワットでは、ループ状のバンド（ストレッチの補助で使ったのと同じタイプのもの）を使うと、負荷をさらにかけることができます。バンドを使用する利点は数多くありますが、何より便利なのは、最小限の道具で負荷を増やせるという点です。経験からいっても、バンドは実際にエクササイズのパフォーマンスを高めてくれます。立ち上がるたびに負荷が増えるので、エクササイズをする人は最後まで気を抜かずにやり遂げなくてはなりません。加えて最もしゃがみこんでいる部分で負荷がかからないため、筋肉痛になる心配が少なく、レース前に実施することも可能です。それでいて可動域の他の部分ではストレングス強化に必要な刺激を十分に与えることができます。

- 片足（スプリット・スクワット）または両足（スクワット）でバンドの片側を踏み、もう片側を上部僧帽筋あるいは上背筋のあたりにかける。
- 通常のスクワットを行う。

フロント・ラック・ケトルベル・スクワット

　フロント・ラック・ケトルベル・スクワットはゴブレット・スクワットのポジションでさらに負荷を増すことができます。このエクササイズでは、ケトルベルを手に持ち、肩で負荷を支えます。これによって、さらに大きな負荷に耐えることが可能になり、脚の強化が進むのです。

■エクササイズを行うときは、肩の高さまで持ち上げられるケトルベルを選ぶか、あるいはパートナーに補助してもらってください。
■ケトルベルの胴部が、前腕、上腕二頭筋、肩の上に乗るようにしましょう。手首はニュートラルに保ち、手はベルのハンドルをしっかりと握ります。
■ポジションが決まったら、普段どおりにスクワットします。

ランジの
バリエーション

　ランジはスプリット・スクワットの応用編にあたります。このエクササイズで試されるのは、衝撃を受け止める能力と身体をコントロールする能力です。どちらかといえばリバース・ランジのほうが姿勢を維持しやすく、こちらを先に習得するほうが簡単でしょう。一方でフォワード・ランジは、動作の速度を落としてから再加速するエクササイズなので、人によってはかなり難しいかもしれません。こうしたエクササイズはまず自重のみで練習し、それから徐々に負荷を増やしていくのがお勧めです。正しいフォームやポジションがわからなくなった場合は第4章に戻り、スプリット・スクワットの改善点を参考にしてください。

　最初は回数にこだわる必要はありません。ゆっくりと前傾し、停止してから元の姿勢に戻ります。そうすることで自分のポジションを把握しやすくなり、成功させやすくなります。その後は速度を上げ、最終的にはウエイトを使ってみましょう。

リバース・ランジ

このランジのバリエーションで
は、片足を後ろに引いてスプリッ
ト・スクワットの姿勢をとってか
ら、前傾してスプリット・スクワ
ットを完了します。その後、勢い
よく立ち上がって最初の姿勢に戻
ります。

フォワード・ランジ

これはリバース・ランジを逆か
ら始めるエクササイズで、最初の
姿勢に戻るときは、足を引くので
はなく前に出します。

プッシュ

プレス動作に必要な上半身の筋肉を鍛えるには多くの選択肢があります。私自身が好んで選手に課すのは、自重エクササイズです。というのも、これらのバリエーションはバーベルプレスやベンチプレスやチェストプレスとは対照的に、前述したような胴体と肩の安定性向上に寄与するからです。

ローデッド・プレスアップ

プレスアップに負荷を加えると、上半身および胴体の筋肉へのトレーニングストレスを効果的に増やすことができます。その方法としては背中にプレートを置くか、あるいはバンドを使用します。

■ プレートを使う場合は、必ず臀部から腰の上に置いてください。高い位置に置けば胴体の筋肉により負荷がかかりますが、ウエイトの位置が高すぎると肩関節の動きが制限されてしまいます。
■ 同様にバンドを使う場合も、上背部や肩ではなく、背中の中央から下部に巻くようにしてください。

クローズ・グリップ・プレスアップ

このプレスアップのバリエーションを行うと、上腕三頭筋への負荷を増やすことができます。

■ 通常のプレスアップの姿勢をつくり、両手が肩幅の範囲に収まるようにします。

アーチャー・プレスアップ

　両手の位置を左右非対称にすることで、片腕にかかる負荷が大きく増加します。これはシングル・アーム・プレスアップへの準備を兼ねており、上半身および胴体の筋力が大いに試される、非常に高度なエクササイズです。

■ 通常のプレスアップの姿勢をつくり、片腕を横に伸ばします。
■ 腕を伸ばすときに、両足もさらに大きく開くことになるでしょう。
■ 伸ばした腕をなるべく使わないようにして、プレスアップを行います。
■ 筋力がついてきたら、伸ばした腕を地面から離し、シングル・アーム・プレスアップに挑戦しましょう。

レッグ・オフ・プレスアップ

　胴体に必要な安定性を高めてくれる、プレスアップのバリエーションです。

■ セットを通して片脚を上げたままにするか、あるいは1回ごとに脚を交互に上げて通常のプレスアップを行います。

スパイダーマン・プレスアップ

　レッグ・オフ・プレスアップの応用編です。このエクササイズでは、胴体の横方向の安定性とコントロールがさらに試されます。

■ 通常のプレスアップを行い、身体を落としきったところで、片脚を横に出します。
■ 1回ごとに脚を交代して繰り返します。

プル

シングル・アーム・サスペンション・トレイナー・ロー

　片側で行う他のバリエーションと同じく、シングル・アーム・サスペンション・トレイナー・ローは胴体に必要な安定性を高めてくれるので、大いに行う価値のあるエクササイズと言えるでしょう。加えて、肩に必要な安定性を高めてくれることも利点です。

■ サスペンションシステム、あるいは腰の高さにバーを固定したスミスマシン、またはパワーラックを使用して行います。
■ グリップは上から握り、両足を床にぴったりつけたまま、膝を90度に曲げます。
■ 膝から肩までが直線を描いているかどうか、必ず確認しましょう。
■ 身体がよじれないようにブレーシングをしながら片手を離し、もう片方の手でまっすぐグリップを握ります。

■ 身体を固めたまま、胸を引き上げ、そして引き下げる動作を繰り返します。
■ 脚をまっすぐ伸ばしたまま行うと、難易度が上がります。

プルアップ

　先ほど説明した水平方向のプル運動を習得できたら、次はいよいよプルアップに挑戦しましょう。プルアップは非常に難しいエクササイズで、人によっては満足に習得できるまでに時間がかかるかもしれないということを警告しておきます。それでもプルアップは、プル動作に必要な上半身の筋肉を鍛えてくれる素晴らしいエクササイズです。正しく行えば、胴体の筋肉も強く刺激してくれます。

　ハンドルの握り方にはいろいろな方法があります。上から握っても、下から握っても、手のひらが内側を向くように握っても構いません。どの方法が優れていると言えるほど筋肉の使い方が大きく異なることはないため、すべてのポジションに対応できるよう、定期的に握り方を変えて練習する方法を通常お勧めしています。

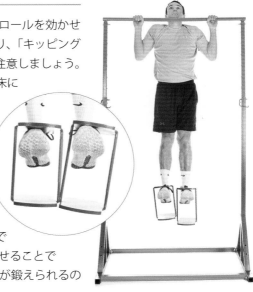

■ ハンドルの握り方にかかわらず、プルアップはコントロールを効かせ
　ながらゆっくり行うことが大切です。身体を揺らしたり、「キッピング
　（反動を使うテクニック）」したりすることのないよう注意しましょう。

■ 両脚をまっすぐ伸ばしてから足を背屈させ、かかとを床に
　つけたまま、つま先を脛に向かって持ち上げます。

■ バーを強く引いて、胸に近づけます。

■ 最初のうちはセットを終えるどころか1回成功さ
　せるだけでも大変でしょうから、何らかの方法で
　難易度を下げる必要があります。負荷を減らすた
　めの簡単な方法は、バンドを使って、身体を持ち上
　げる動作を補助することです。

■ 慣れてくるとさまざまな方法で負荷をかけることがで
　きます。おそらく最も簡単なのが、足にダンベルを乗せることで
　しょう。この方法で負荷をかけると、上半身の筋組織が鍛えられるの
　と同時に、技術の強化にもつながります。

プランク

スタティック・サイド・プランク

通常のプランクと同じく、サイド・プランクは胴体の筋持久力を高めてくれます。もちろん胴体側部の強化にも効果的です。

- 横向きに寝て両脚を揃え、片方の腕を肩の真下に置きます。
- 胴体の筋肉を引き締め、臀部を持ち上げて、頭から足までを一直線にします。そうすることで、肘と下側の脚の側部に全体重がかかります。

- 股関節が下がったり、前後に倒れたりしないよう注意しながら、姿勢を保ちます。
- 片側で90秒ずつ姿勢を保つことを目標に、少しずつ時間を延ばしていきましょう。

姿勢を90秒保つのが難しいうちは、30〜60秒保った後、30秒の短い休憩を入れるというセットを2〜3セット行います。姿勢を保つことのできた最大秒数を定期的に測り、それに応じて目標の秒数を調整しましょう。ただし、良好なフォームが崩れた時点でセットは中止してください。

ダイナミック・サイド・プランク

ダイナミック・サイド・プランクは、胴体の反応能力（動作中に身体を安定させる能力）を鍛えることの できる、上級編のエクササイズです。オプションは数多くありますが、本書では以下の2つをお勧めします。

サイド・プランク・スナッチ

- 通常のサイド・プランクの姿勢をとり、上側の手でダンベルを持ちます。
- 曲げた肘を天井に向かって引き上げ、腕を伸ばすことにより、ダンベルを肩の真上まで一気に持ち上げます。
- コントロールを効かせながらダンベルを下げ、最初の姿勢に戻ります。

サイド・プランク・ウィズ・レッグ・レイズ

- 通常のサイド・プランクの姿勢をとります。
- 身体をプランクに保ちながら、上側の脚を上げ下げします。

これらのエクササイズはどちらも60秒間を目安に行います。あるいは（サイド・プランク・スナッチは特に）、ウエイトの重さを上げて複数回（10回3セット程度）行う方法もあります。

グループエクササイズとクロスフィット

オフバイクトレーニングの選択肢の1つとして、グループで行うエクササイズセッションが考えられます。サイクリングクラブがオフシーズンに内輪で開催するサーキット型セッションにせよ、ブートキャンプ形式のクラスにせよ、クロスフィットにせよ、グループセッションは楽しく、あなたのやる気を高めてくれるでしょう。自分ひとりでは運動が続かなかったという多くの人も、クラスに参加すれば、間違いなくエクササイズに取り組みやすくなるはずです。では、こうしたグループエクササイズを日常的なトレーニングルーティンにも組み込むべきなのでしょうか？

クラスへの参加を検討する際に、注意すべき点があります。そして実際に参加するときには、怪我のリスクを最小限に抑えながら、最大限の効果を得られるよう工夫しましょう。

大切なのは、エクササイズとトレーニングの違いを理解することです。いわゆるエクササイズとは、何らかの健康効果が期待できる身体活動をいいます。一方でトレーニングとは、長期的な目標を念頭に置いた身体活動で、通常は特定のスポーツのパフォーマンスを向上させます。グループクラスは、その性質から言えば前者のカテゴリーに収まることが多いため、そこで指導されるエクササイズはかなり不規則になる傾向があります。もちろん、自転車競技に役立つエクササイズも含まれているとは思いますが、指導してもらえるタイミングは運任せで、計画どおりにはいかないでしょう。また、30人の参加者全員で同じエクササイズを行う場合、そのエクササイズが全員に適していることはほぼあり得ません。本書の柱の1つとして、画一的な手法のオフバイクコンディショニングがいかに理想とかけ離れたものであるかを述べてきました。しかし残念ながら、グループクラスはその性質上、画一的なやり方をせざるを得ないのです。

すべてのエクササイズを参加者に合わせて調整しておくこと自体は、理屈の上では不可能ではありません。しかしグループ指導時に、インストラクターが個々人の動作に介入し、クラス全体に正しいフォームを保つための指導を行き渡らせることは間違いなく難しいでしょう。そうしたクラスの大半は商業目的で開かれているため、インストラクターやジムの収入を増やすためにも、参加者を多く募っているのです。また、本書が提案するような技術的トレーニングを、グループクラスでできることは多くありません。特に怪我に関する懸念がある場合には非常に困難です。さらに、こうしたクラスはエクササイズ中に参加者を煽ることが

多いため、身体を危険にさらすまで無理をしてしまう人もいるでしょう。本人の考える限界を超えてプッシュさせることは、その人のパフォーマンスを改善し、適応させ、向上させるための原則に従っているとも言えるため、そのこと自体は悪いことではありません。ただしその場合は、あらゆる怪我のリスクに注意を払い、オーバートレーニングの潜在的なリスクにも対処する必要があります。

本書のアセスメントとエクササイズに従えば、事前にグループ形式のワークアウトに対応できるような身体をつくっておくことも、もちろん可能です。また、自分の現在の弱点に対する理解を深め、グループワークアウト中で課される特定のエクササイズが自分に適しているかどうかを、十分な情報にもとづいて判断でき

るようになります。

グループクラスを必ずしも避けるべきだとは言いませんが、参加するときはよく注意し、身体の変化に気を配ることが重要です。エクササイズが合っていない、あるいはフォームが崩れてきたと感じたら、調整を加えるか、エクササイズを中止またはスキップしてください。インストラクターやクラスの雰囲気に流されたり、意地を張りすぎるのはやめましょう。あなたの最大の目標は、サーキットクラスで一番になることではなく、強いサイクリストになることなのですから！

▼グループで行うエクササイズはやる気を高めてくれるが、自分に合っていないエクササイズは遠慮せずスキップしよう。

マシンか、フリーウエイトか

レジスタンストレーニングについて話す人の間では、こちらの方式があちらの方式より優れているといった議論が必ず起こります。特に論争の的になりやすいのは、本書が提案するようなフリーウエイトエクササイズを行うべきか、マシンを使用したエクササイズを行うべきかという問題です。

フリーウエイトとマシン、いずれにも賛否はあります。しかし、レジスタンストレーニングの方式としてはどちらも効果的です。この問題に関して多くの人が両陣営に分かれて議論をしていますが、どちらか一方だけを支持しなければならない理由は本来、ないはずです。

ほとんどの物事がそうであるように、使用するトレーニング方式の選択は、個人の目標によって異なります。ですから自分が何を達成しようとしているのかを理解した上で、その目的に合った正しいツールを見つけなければなりません。ドライバーを使って釘を打つことがないのと同様に、トレーニング目標によってはマシンのほうが適している場合も、フリーウエイトの

▼固定式のマシンは、特定の状況で行うウエイトトレーニングに適しています。しかし一般的には、フリーウエイトエクササイズのほうが好ましいと言えるでしょう。

ほうが好ましい場合もあります。マシンについていえば、これまでいくつかの的を絞った目標を実現するために、一流のアスリートへマシンを使ったウエイトトレーニングを課してきました。

1 アスリートが負傷中、あるいは怪我からの回復途中にある時期は、ウエイトトレーニングにマシンを利用することで、怪我をした部分に負担をかけずにトレーニング効果を得られます（片脚を怪我している場合なら、もう片方の脚でレッグプレスを行うといったように）。

2 特定の筋群や動作を強化しなければならない場合にも、マシンは有効です。例えば、大腿四頭筋とハムストリングの出力比率から膝に問題が起きているとき、ハムストリングスの中でもある部分を強化するようなエクササイズをプログラムに組み込む必要が出てくるかもしれません。マシンはある筋群を狙い撃ちして負荷をかけるのに向いています。

ただし、マシンにも限界はあります。特に大きな欠点は、固定された面でしか身体を動かせないということです。本書の冒頭ではサイクリングが「限定的な」活動であると説明しましたが、私たちが目指しているのは、固定された可動域やある可動面から離れて身体を鍛え、コンディショニングの幅広い土台を築くことです。したがって本書では3次元的に身体を動かすような、本質的に自由度の高いエクササイズを紹介しています。これらのエクササイズは、サイクリングにおいて軽視されたり十分に活用されていなかったりする多くの小さな筋肉に働きかけ、その動きを良くして、競技のためのコンディションや日常的な快適さをも向上させてくれます。

本章のまとめ

成功につながる計画　プログラムがこの段階に達すると、年単位、週単位、1日単位、およびセッション単位できちんと計画をすることが重要です。目標とするレースに向けて自分の弱点を見極め、どの時期にストレングストレーニングを行うのが最も適切かを考えましょう。上手に計画を立てれば、ストレングストレーニングとサイクリングトレーニング間の干渉を最小限に抑え、最大限の効果を得られます。

レースに向けたテーパリング　計画中には重要レースに向けたテーパリングも組み込む必要がありますが、オンバイク・オフバイクトレーニング共に配慮が必要です。突然中止するのではなく、あくまでも計画的に、段階的にトレーニングを減らしていきましょう。ガイドラインは本章で示したとおりですが、テーパリングへの反応はアスリートによって個人差があります。したがって、最適な方法が見つかるまでには、いくらか試行錯誤をして身体を慣らす必要があるかもしれません。

基本を大切にする　プログラムのこの段階でも、アセスメントと改善のためのエクササイズは終わりではありません。効果を実感できるTASMTやストレッチは中止せず毎日続け、定期的にアセスメントを行って、安全にウエイトを挙げられる状態であることを確認しましょう。多くのライダーにとって、第4章で紹介したエクササイズの負荷を高くしたり、新たな動きを習得していくのには長い時間がかかります。ですから、それ以上に高度なエクササイズや、難易度の高いセット数・反復回数メニューに焦って挑戦しないようにしましょう。

ストレングスセッションの予定を入れる　1週間のトレーニングスケジュールにストレングストレーニングの予定を入れるときのポイントは、セッション同士の間隔を最低でも48時間はあけること、サイクリングへの干渉を最小限に抑えるよう注意することです。条件が揃わない場合は、計画全体を再検討したり、トレーニングブロック内での優先度を変えてもよいでしょう。

弱点から強化する　各ストレングスセッションには、ヒンジ、スクワットまたはスプリット・スクワット、プッシュ、プル、そして余裕があればプランクも取り入れると理想的です。その中で最も難しいと感じられるエクササイズを、心身ともに疲弊していない最初の段階で行うようにしましょう。身体の部位ごとに動きのレベルが異なる可能性は高く、例えば上半身では第5章のエクササイズを行っていても、下半身では動作のパターン化と習得に励んでいるという状況が十分に考えられます。こうしたレベルが常に変動するため、アセスメントによる定期的な見直しは非常に重要です。

REFERENCES AND FURTHER READING

REFERENCES

Mujika et al., 2016
https://www.researchgate.net/publication/301274212_
Effects_of_Increased_Muscle_Strength_and_Muscle_
Mass_on_Endurance-Cycling_Performance

Ronnestad et al., 2010
https://www.researchgate.net/publication/46010265_
In-season_strength_maintenance_training_increases_
well-trained_cyclists%27_performance

Ronnestad et al. 2011
https://www.ncbi.nlm.nih.gov/pubmed/19903319

Ronnestad et al. 2015
https://www.researchgate.net/publication/275102845_
Strength_training_improves_cycling_performance_
fractional_utilization_of_VO2max_and_cycling_
economy_in_female_cyclists

FURTHER READING

https://www.researchgate.net/publication/305802930_
10_weeks_of_heavy_strength_training_improves_
performance-related_measurements_in_elite_cyclists

https://www.researchgate.net/publication/315056975_
Heavy_strength_training_improves_running_and_cycling_
performance_following_prolonged_submaximal_work_
in_well-trained_female_athletes

フィル・バートは1999年に理学療法士の資格を取得して以来、さまざまなスポーツの分野で、世界最高のアスリートたちを支え続けています。2006年から勤務を開始したブリティッシュ・サイクリングでは、早いペースで主任理学療法士にまで就任し、大胆かつ最先端の手法を用いて2008年の北京オリンピック、2012年のロンドンオリンピック、2016年のリオオリンピックでチームを指揮しました。また、ブリティッシュ・サイクリング内の「シークレット・スクイレル・クラブ」でも熱心に活動し、ライダーのパフォーマンスと健康を向上させる数々の革新的なプロジェクトの立役者となりました。過去にはサドルに関するバートの研究が引き金となって、UCIがサドルの角度規定を変更したこともあります。バイクフィッティングの世界的権威であるバートは、リトゥール・ワールド・ボード・アドバイザーズやサイクルフィット・シンポジウム組織委員会に名を連ね、SASやイングランドプレミアリーグといった一流スポーツ組織でもアドバイザーを務めています。ベストセラーとなった前著『バイクフィッティング：正しい乗車姿勢で怪我を予防し、パフォーマンスを高めよう』では、数多くのライダーに向けて、快適で充実したサイクリングライフを怪我なく送るためのコツを伝授しました。2018年にはブリティッシュ・サイクリングを退職し、philburtinnovation.co.ukを開設。ここではサイクリストを対象とした怪我の診断とその治療、バイクフィッティング、空力性能の評価、サドルチェックといった幅広いサービスを提供するほか、独自の革新的な商品開発にも力を注いで、すべての人のより快適なサイクリングライフを支援しています。世界的な著名人として講演を行うかたわら、自身でも最大限自転車に乗っています。

マーティン・エヴァンスは2003年にスポーツおよび運動科学の学士号を首席で取得した後、コーチング科学のポストグラデュエートコースを優秀な成績で修了しました。イングランドスポーツ研究所（EIS）では上級ストレングス＆コンディショニングコーチとして、また同研究所内のブリティッシュ・サイクリングでは主任ストレングス＆コンディショニングコーチとして勤務。グレート・ブリテン・サイクリング・チームに所属する持久系ライダーやスプリンターにとって、バイク上でのパフォーマンスを高めながら、バイクを降りた後の怪我を予防するというエヴァンスの手腕は欠かせないものでした。このときエヴァンスが考案したストレングス＆コンディショニングの戦略は、グレート・ブリテン・サイクリング・チームの全選手の強化プログラムに採用されています。そしてエヴァンス自身も主要なスタッフとして金メダルを目指す選手たちを支え、2012年のロンドンおよび2016年のリオオリンピック＆パラリンピックに挑みました。エヴァンスは現在、イングランドサッカー協会のウィメンズ・フィジカル・パフォーマンス主任を務め、すべての女子代表チームのコンディショニング戦略を監督しています。またEISでも勤務を続け、さまざまな分野のスポーツ科学に精通する医療スタッフとして活動しています。自転車やサッカー以外にも、世界レベルでの水泳、トライアスロン、ラグビーなど、多様なスポーツ界で選手を指導した経験があります。

アセスメントのフローチャート

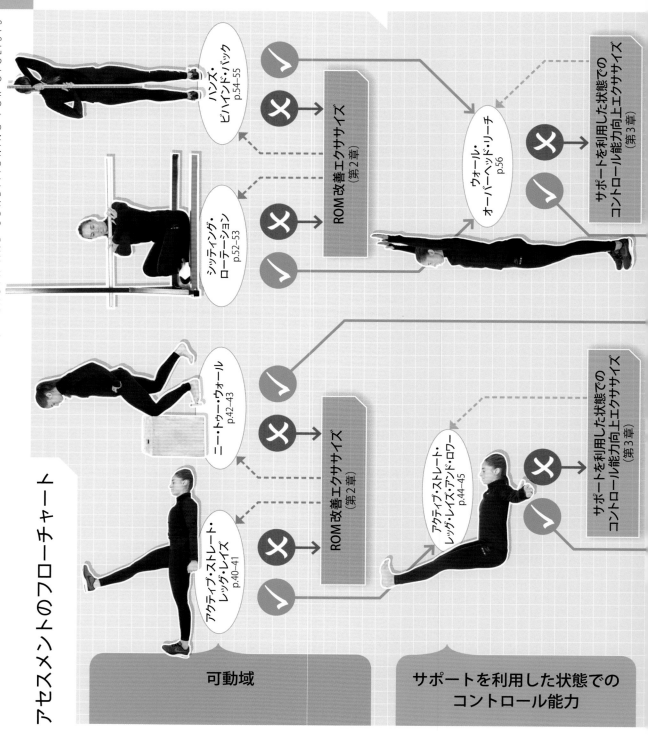

ハンズ・ビハインド・バック
p.54-55

シッティング・ローテーション
p.52-53

ROM改善エクササイズ
(第2章)

ウォール・オーバーヘッド・リーチ
p.56

サポートを利用した状態での
コントロール能力向上エクササイズ
(第3章)

ニー・トゥー・ウォール
p.42-43

アクティブ・ストレート・レッグ・レイズ
p.40-41

ROM改善エクササイズ
(第2章)

アクティブ・ストレート・レッグ・レイズ・アンド・ロワー
p.44-45

サポートを利用した状態での
コントロール能力向上エクササイズ
(第3章)

可動域

サポートを利用した状態での
コントロール能力

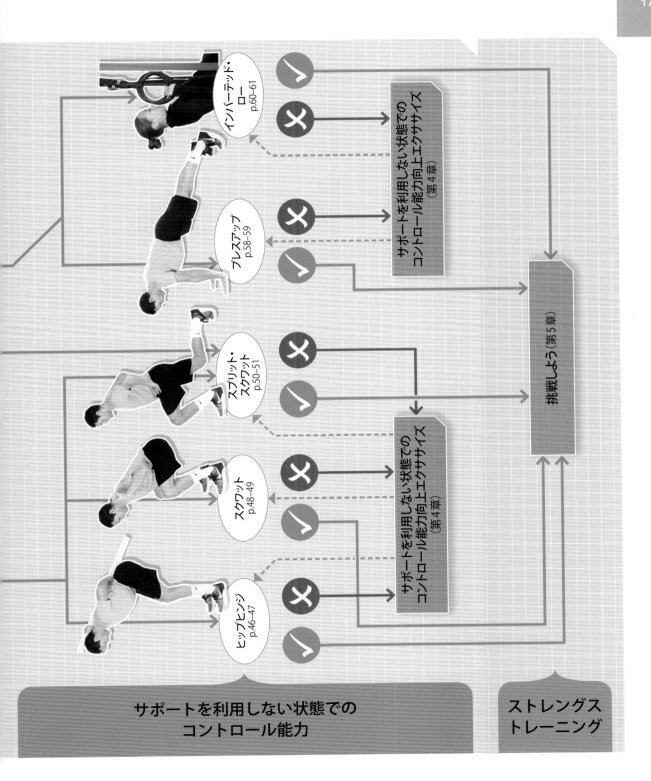

【監訳者】

西薗良太　にしぞの・りょうた

元プロロードレース選手。スポーツデータアナリスト。1987年鹿児島県生まれ。鹿児島第一高校を経て、東京大学に進学。全日本大学対抗選手権（インカレ）の自転車競技・個人ロードレース及び個人タイムトライアルを制し、学生ロード二冠を達成。2011年、東京大学工学部計数工学科システム情報専攻を卒業し、シマノレーシングに加入、東大初のプロロードレース選手として話題になる。ヒルクライムでの強さを誇ったが、理詰めでフォームや戦略を組み立てていくタイムトライアルも得意としており、全日本選手権を3度制覇するなど、トップレベルの実績を残し、2017年シーズン終了とともに引退。

翻訳者	湊麻里・西薗良太
編集協力・DTP	株式会社リリーフ・システムズ
装　幀	榊原容子（東京書籍AD）

サイクリストのための
ストレングスとコンディショニング
競技と日常生活の質を高める自転車以外のトレーニング

2020年7月17日　第1刷発行
2020年9月14日　第2刷発行

著者	フィル・バート
	マーティン・エヴァンス
監訳者	西薗良太
発行者	千石雅仁
発行所	東京書籍株式会社
	〒114-8524 東京都北区堀船2-17-1
	電話　03-5390-7531（営業）
	03-5390-7508（編集）
印刷・製本	図書印刷株式会社

Japanese Text Copyright © Ryota Nishizono and Tokyo Shoseki Co., Ltd.
All Rights Reserved.
Printed in Japan

ISBN978-4-487-81364-3 C0075

乱丁・落丁の際はお取り替えさせていただきます。
本書の内容を無断で転載することはかたくお断りいたします。